AF570410

Edith Stein
l'œuvre philosophique

Ouverture philosophique

Collection dirigée par, Dominique Chateau, Jean-Marc Lachaud et Bruno Péquignot

Une collection d'ouvrages qui se propose d'accueillir des travaux originaux sans exclusive d'écoles ou de thématiques.

Il s'agit de favoriser la confrontation de recherches et des réflexions, qu'elles soient le fait de philosophes « professionnels » ou non. On n'y confondra donc pas la philosophie avec une discipline académique ; elle est réputée être le fait de tous ceux qu'habite la passion de penser, qu'ils soient professeurs de philosophie, spécialistes des sciences humaines, sociales ou naturelles, ou… polisseurs de verres de lunettes astronomiques.

Dernières parutions

Auguste NSONSISSA, *La dynamique de la nature, Étude sur le thème du vide dans l'histoire de la philosophie des sciences*, 2017.

Paul DUBOUCHET, *Paganisme, christianisme et catholicisme chez René Girard,* 2017.

Paul DUBOUCHET, *René Girard, « cowboy texan », Au fil de ses exploits*, 2017.

Fallander KALTCHAREL*, Le dualisme antiréaliste et semi-empirique de Bernard Vidal,* 2017.

Jean-Louis BISCHOFF, *Penser la notion de rencontre*, 2017.

HyeJeong SEO, Paul Ricœur, *Image de Dieu* : Rédemption et Eschatologie, Tome 2, 2017.

HyeJeong SEO, Paul Ricœur, *Image de Dieu* : Origine et déchéance, Tome 1, 2017.

Dimitra PANOPOULOS, *L'hypothèse platonicienne*, 2017.

Hans COVA, *Pour une approche stratégique des espaces politiques, Essai de philosophie politique*, 2017.

Philibert SECRETAN

Edith Stein
l'œuvre philosophique

Une vue d'ensemble

Ouvrages du même auteur

L'analogie. Collection « Que sais-je ? », P.U.F., Paris, 1984.

Les tentations du Christ. Cerf, Paris, 1995.

Le pouvoir et le salut. L'Harmattan, Paris, 2002.

Chemins de pensée - À l'ombre de la théologie. L'Harmattan, Paris, 2004.

(éd) *La philosophie chrétienne.* Academic Press, Fribourg, 2006.

Blaise Pascal, Pensées et opuscules lus par Philibert Secretan. Collection de l'Abeille, Cerf, Paris, 2013.

Reforma protestante y filosofía. Universidad San Dámaso, Madrid, 2015.

© L'Harmattan, 2017
5-7, rue de l'Ecole-Polytechnique, 75005 Paris

http://www.editions-harmattan.fr

ISBN : 978-2-343-13649-3
EAN : 9782343136493

Dédicace

A la mémoire de Paul Ricœur, qui fut le premier à me parler d'Edith Stein alors que, venant du thomisme, je découvrais avec lui – et avec étonnement – la phénoménologie.

Remerciements

Ma reconnaissance va à Flurin M. Specha, qui mit à ma disposition les 27 volumes de la nouvelle édition des œuvres d’Edith Stein et qui m’a patiemment aidé à transposer les notes de l’ancienne version des *Gesammelte Werke* à la nouvelle formule de ESGA.

Mes remerciements vont également à ma fille Béatrice, qui prit des heures sur son temps de repos pour faire, avec des ordinateurs performants, un difficile travail d’édition dont je n’étais pas capable.

AVANT-PROPOS

Ce livre – dont la rédaction s'étend sur plusieurs années – vient apporter sa contribution aux études et essais qui entretiennent la mémoire de la vie par moments tourmentée et de l'exemple inimitable d'Edith Stein.[1] Mais il n'est question ici que de philosophie, c'est-à-dire de ce qui, dans son œuvre, constitue à la fois le point de départ et l'instrument de mesure des différentes étapes qui ponctuèrent son chemin vers la vérité éternelle. Il ne s'agit que d'une introduction à la philosophie d'Edith Stein, au sens où il n'est question que de retracer dans ses grands thèmes, pour en faciliter l'intelligence, sa production philosophique.

De plus, ce livre fut conçu bien avant que ne paraisse au Herder Verlag la nouvelle édition des Œuvres complètes d'Edith Stein (ESGA en 27 volumes.) Nous avons donc dû revoir toutes les références en fonction de cette nouveauté, et les quelques différences dans la datation de certains ouvrages ont pu entraîner de légères modifications de notre texte. Mais comme nous avons choisi un ordre thématique et non pas chronologique, ces changements sont finalement de peu d'importance.

*

Pendant longtemps, les *laudationes* s'adressèrent avant tout à la convertie, à l'enseignante chrétienne, à la moniale et à la victime juive. Il n'était guère question de la philosophe, sinon pour comparer sa perspective phénoménologique à celle du thomisme, en soulignant ici leur similitude, là leur dissemblance, selon que le point de vue critique veut démontrer que la foi chrétienne et la philosophie sont incompatibles – c'est la thèse rationaliste – ou que la manière dont Edith Stein articule les rapports entre la foi et la raison présente des difficultés méthodologiques.

Edith Stein n'appartient pas seulement au christianisme. Son intelligence s'est éveillée à la vie de l'esprit à travers un enseignement profondément enraciné dans la tradition rationaliste. En conformité avec le judaïsme libéral de son enfance, la raison fut la première patrie de son intelligence. Et ce qui a peut-être le plus étonné Edith Stein devenue chrétienne fut de réaliser combien la foi cherche la connaissance et comment, à ce titre, la philosophie relie les chrétiens, en tant qu'êtres rationnels, aux autres hommes, pour autant qu'ils ne deviennent pas infidèles à la raison. Nous montrerons que très tôt dans son œuvre les thèmes de réflexion phénoménologique sont des plus exigeants, et comment le contact avec la philosophie scolastique – qui ne fut pas toujours aisé – n'entraîne aucune rupture avec la phénoménologie, mais constitue, en même temps qu'un enrichissement mutuel, une réorientation en toute vérité.

Parler d'une « réorientation » au contact de la scolastique, c'est nécessairement faire référence à la « transposition » du *De Veritate* de saint Thomas d'Aquin – un travail de traduction qui n'est pas isolé mais qui comprend d'autres textes (saint Thomas, Newman), dont Flurin M. Specha prépare un commentaire exhaustif. Du point de vue philosophique, cette traduction du *de Veritate* a été sa première pénétration dans la pensée de Thomas d'Aquin, approfondie par l'important travail inspiré du *de Potentia : Potenz und Akt*. Et inversement, c'est la voie par laquelle Erich Przywara – à l'origine de la traduction du *de Veritate* – s'initia à la pensée de Husserl.

C'est à ce carrefour que s'amorcent diverses transpositions : la transposition de la tradition du langage scolastique dans celui de la modernité[2] ; le passage de l'analyse de la conscience intérieure à l'inspection de l'âme, où la vérité devient non seulement existentielle mais à proprement parler une vérité « intime ».

Il ne sera guère question non plus de la personnalité d'Edith Stein. Nous montrerons plutôt que si son discours sur la *personne* est son apport principal à la philosophe, c'est la pertinence *philosophique* de cette œuvre qui nous importe : l'idéal d'une philosophie qui, en passant par le travail réglé de l'esprit et les témoignages de la culture, veut approfondir toutes les étapes du chemin qui mène de la nature organisée à l'homme libre et de la vie personnelle à Dieu.

Notre interrogation demeure critique, certes, car une question se pose : A-t-elle réussi à venir à bout de la tâche scientifique que lui imposa sa démarche personnelle ? Sur ce point, ou pour le moins sur ce qui lui était proche, son vieil ami Roman Ingarden s'exprime sans retenue : « La tentative de voir clair dans la structure compliquée de l'être humain doit être reconnue comme son grand effort, encore qu'à mon avis le résultat soit insatisfaisant ».[3]

Cela doit-il être mis en relation avec un trait de la personnalité d'Edith Stein, qui la porte à penser *avec et après ?* Sa pensée dépend très fortement de Husserl, Scheler, Reinach, Ingarden, H. Conrad-Martius, Erich Przywara… Mais la matière qu'elle reçoit est « reformée » sur le plan existentiel et transformée en un commentaire de sa propre expérience, ce qui ne permet pas de conférer à sa pensée la marque d'un système définitif et cohérent, et qui, par là même, soustrait celle-ci à l'ordinaire *disputatio* philosophique. L'objectivité de sa pensée tient à l'emploi de concepts qu'Edith Stein a comme « réalisés » dans sa vie. Est-ce à dire que la biographie soit le meilleur moyen de connaître Edith Stein ? Nous ne le pensons pas. L'itinéraire d'Edith Stein dessine une voie vers l'intériorisation, la clarification, la pacification. Mais pour entrer dans cette voie, pour en saisir le sens on ne peut, hormis ses propres témoignages autobiographiques, que suivre livre par livre, l'élaboration de son travail intellectuel, quitte à retrouver d'un ouvrage à l'autre, selon la présentation qu'on en fait, les mêmes thèmes différemment éclairés, réorientés, transposés.

La philosophie d'Edith Stein est une « science » de la personne, de sa formation, de son rapport avec l'« Etre en personne ». C'est ce qui explique son intérêt pour la pédagogie, et le rayonnement que l'on reconnaît à son œuvre en ce domaine. Ses lettres devraient être comprises dans cette lumière. Même la notion de vérité est pénétrée chez elle de ce sens de la personne. Car pour Edith Stein, la vérité ne peut être réellement accueillie, intégrée à l'être, que par une personne, dans les profondeurs et dans le silence humble de l'amour qui est donné.

Liste des sigles utilisés

ESGA *Edith Stein Gesammtausgabe*

ESGA 5 *Zum Problem der Einfühlung* (Le problème de l'empathie)

ESGA 6 *Beiträge* (Contributions au fondement philosophique de la psychologie et des sciences humaines)

ESGA 7 *Eine Untersuchung über den Staat* (Recherche sur l'Etat)

ESGA 8 *Einführung in die Philosophie* (Introduction à la philosophie)

ESGA 9 *"Freiheit und Gnade" und weitere Beiträge zu Phänomenologie und Ontologie* ("Liberté et grâce" et autres contributions à la phénoménologie et l'ontologie)

ESGA 10 *Potenz und Akt* (Puissance et acte)

ESGA 11/*12 *Endliches und ewiges Sein* (Etre fini et être éternel)

ESGA 13 *Die Frau, ihre Aufgabe nach Natur und Gnade* (La femme, sa vocation selon la nature et la grâce)

ESGA 14 *Der Aufbau der menschlichen Person* (La structure de la personne humaine)

ESGA 18 *Kreuzeswissenschaft* (La Science de la Croix)

ESGA 20 *Geistige Texte II, Kreuzesliebe* (Ecrits spirituels II, L'amour de la croix)

Le présent ouvrage ayant été rédigé avant la parution des actuelles traductions françaises en coédition Ad Solem, Cerf, Edition du Carmel, et l'auteur étant le traducteur de toutes les pages cités, il ne fait pas référence à la nouvelle édition de ses traductions.

PRÉLIMINAIRES

1. Parcours d'une vie

Edith Stein est née le 12 octobre 1891 à Breslau de parents juifs. Son père, commerçant, mourut alors qu'elle n'avait pas tout à fait deux ans. Elle fréquenta le lycée moderne à Breslau, où elle passa le baccalauréat au printemps 1911. Ses premiers semestres d'université furent consacrés à la langue et la littérature allemande, à l'histoire, à la psychologie et à la philosophie. C'est à cette époque qu'elle tomba sur des extraits des *Logische Untersuchungen* de Husserl, et entreprit d'étudier à fond l'ouvrage, sans soupçonner quelle influence Husserl et sa philosophie devaient avoir sur sa vie. Le contenu et l'importance de cet essai l'impressionnèrent tant qu'elle partit en 1913 pour Göttingen afin d'y suivre les cours de Husserl. Elle s'intégra alors totalement dans la « famille » des phénoménologues.

En janvier 1915 elle réussit brillamment son examen d'Etat, travailla pendant quelques mois pour la Croix-Rouge comme infirmière auxiliaire, puis revint à Göttingen pour passer son examen de grec et se préparer au doctorat d'Etat. Sa thèse était consacrée à un sujet typiquement phénoménologique. Husserl affirmait que le monde extérieur ne pouvait être un objet d'expérience que dans l'intersubjectivité, c'est-à-dire à travers une communauté de sujets connaissants situés dans un rapport de compréhension mutuelle, de « sympathie ». Cette connaissance présupposait l'expérience d'un autre, expérience que Husserl, à la suite de Theodor Lipps, désignait du terme d'empathie (*Einfühlung*). C'est à cette théorie de la connaissance qu'Edith Stein consacra sa thèse. Elle la soutint, *summa cum laude,* en 1917, avant de devenir l'assistante personnelle de Husserl qui, entre temps, avait accepté une nomination à Fribourg.

Depuis son adolescence, Edith Stein s'était éloignée de la religion juive. Les conférences de Max Scheler la confrontèrent à l'importance de la religion, au moins en tant que phénomène digne d'attention. Mais l'impulsion décisive qui la conduisit à considérer d'une manière nouvelle le fait religieux ne relevait pas de l'intérêt intellectuel. Ce fut la dignité chrétienne de la veuve du disciple de Husserl, Adolf Reinach, tombé au front en novembre 1917, qui impressionna profondément Edith Stein – elle en faisait encore mention plus de dix ans après l'événement. En examinant les papiers de Reinach, elle prit également connaissance de ses notes sur le pouvoir de la prière et de la divinité de Jésus-Christ. Les Reinach étaient Juifs. Peu de temps avant la mort d'Adolf, le couple avait demandé le baptême dans l'Eglise luthérienne.

La question du Christ devint alors décisive pour Edith Stein. Parmi les livres de son amie Hedwig Conrad-Martius, elle trouva la *Vie* de sainte Thérèse d'Avila. Sa lecture conduisit Edith Stein au baptême, qu'elle reçut dans l'Eglise catholique, le 1er janvier 1922. Elle maintint ses liens avec sa famille, pour qui ce passage au christianisme était incompréhensible. Par amour pour sa mère, Edith repoussa à plus tard son désir d'entrer au Carmel et, sur le conseil de son directeur spirituel, se tourna vers l'enseignement. Tout d'abord dans les classes terminales d'un lycée de dominicaines à Spire. C'est là que pour la première fois elle pénétra dans la pensée de Thomas d'Aquin. Un article d'Edith Stein dans le recueil d'hommages à Husserl, à l'occasion de son soixante-dixième anniversaire, est caractéristique de son état d'esprit : « Phénoménologie de Husserl et philosophie de Thomas d'Aquin. Essai de comparaison ». C'est à ce moment qu'elle entreprend, sous l’impulsion du P. Erich

Przywara s.j., la traduction des *Quaestiones disputatae de veritate.* Il semble que ce dernier lui ait conseillé d'abord de ne pas s'occuper intensément de la scolastique, mais de se risquer à cette traduction. Bien que géniale, et saluée encore aujourd'hui comme telle, elle souligne combien il est difficile d'exprimer les principes fondamentaux de l'ancienne doctrine de l'être dans le langage des phénoménologues qui est la langue même de la philosophie moderne.

Après que ses efforts pour obtenir un poste de professeur à Breslau et Freiburg eurent échoués, Edith Stein devint en 1932 chargée de cours à l'Institut de pédagogie scientifique de Münster. C'est de cette époque que datent ses tournées de conférences en Allemagne et en Suisse. Si cette activité de conférencière ne lui convenait pas, en raison d'un certain manque d'organisation, Edith ne se croyait cependant pas en droit de refuser les nombreuses invitations et sollicitations dont elle faisait l'objet.

Questions philosophiques, problèmes de la formation des femmes et de leur position dans l'Eglise et le monde : tels étaient les sujets abordés dans ces conférences. Mais les conférences et les discussions philosophiques ne constituaient pas toute la vie d'Edith Stein. Sa piété profonde et authentique ne cherchait qu'une chose : la proximité du Crucifié. Ce qui ne l'empêchait nullement de prendre au sérieux cette activité de conférencière. Ce n'étaient pas les débats, mais les rencontres mondaines que pouvait impliquer cette activité, qu'Edith cherchait à éviter.

A Münster, comme partout en Allemagne, l'année 1932 marque la fin d'un temps. Le 30 janvier 1933 Hitler est élu chancelier du Reich. Edith Stein était assez lucide pour comprendre que comme enseignante, ses jours étaient comptés. Dès l'été 1933, son cours du semestre d'été fut supprimé. On lui proposa alors un poste dans une école d'Amérique du Sud ; elle le refusa. Edith Stein avait 42 ans. Elle entra au Carmel de Cologne et y prit le nom de Teresia Benedicta a Cruce.

On lui signala tout de suite qu'elle ne pourrait pas poursuivre au couvent son travail scientifique. Elle était préparée à ce renoncement. La science, après tout, n'était marquée pour elle que du signe du provisoire. Les lettres que le Professeur Donders à Münster et Dom Raphaël Walzer, prieur de Notre-Dame de Beuron, adressèrent au Carmel permettent d'apprécier la haute estime dont jouissait alors Edith Stein. Tous deux approuvent son entrée au Carmel, non sans regretter, en raison de la qualité de ses recherches scientifiques et de l'influence profonde de ses conférences, qu'Edith ne puisse y poursuivre ses travaux.

Durant ces années d'enseignement à Speyer, puis à Münster, Edith avait fréquemment rendu visite à sa mère et à ses sœurs, passant de longs séjours à Breslau, où, même baptisée, elle accompagnait sa mère à la synagogue pour le service divin. En septembre-octobre 1933, elle séjourna une dernière fois à Breslau. Ce fut une période terrible pour sa mère : elle était désespérée par l'évolution politique, désespérée par la démarche de sa fille. Même la plupart des amies d'Edith Stein étaient surprises par sa décision d'entrer au Carmel. La période du noviciat doit avoir été aussi étrange que mortifiante pour Edith Stein. Après avoir été admirée pour son intelligence, elle attirait maintenant l'attention par sa maladresse, par son incapacité à coudre aussi bien que ses autres sœurs, à manier correctement un balai. Elle passait pour consciencieuse et docile, mais aussi pour trop minutieuse, lente et maladroite. Nous sommes bien informés sur cette période, car Edith avait la permission de correspondre avec l'extérieur. Le 15 avril 1934 elle reçut l'habit de l'Ordre. Plus tard dans l'année le Provincial fit savoir que sœur Benedicta était évidemment tenue à la prière chorale, à la méditation, à la récréation, comme les autres sœurs, mais qu'il devait lui être laissé assez de temps pour poursuivre son travail intellectuel. A Pâques 1935 elle prononça ses vœux solennels. Sa mère avait alors prit son parti de la nouvelle vie de sa fille, ce qui était une grande consolation pour Edith, qui lui écrivait chaque semaine. Sa mère mourut en septembre 1936. Edith Stein avait achevé quatorze jours plus tôt *Endliches und ewiges Sein,* qui ne devait paraître qu'en 1950.

Par une disposition spéciale du gouvernement nazi, les élections de 1938 se déroulèrent à l'intérieur du couvent de Cologne. L'origine juive d'Edith Stein s'ébruita. Pressentant que sa présence à Cologne pouvait représenter un danger pour toute la communauté, Sœur Benedicta demanda aussitôt à être transférée dans un couvent hors d'Allemagne. On demanda au couvent d'Echt, en Hollande, fondé par des carmélites allemandes, d'accueillir sœur Benedicta. Un médecin ami du Carmel lui fit passer la frontière hollandaise dans la nuit de la Saint-Sylvestre 1938. Sa sœur Rosa Stein, qui était devenue catholique peu de temps après la mort de leur mère, était à Cologne en 1939. Après un séjour rocambolesque en Belgique, Rosa rejoignit Edith à Echt en 1940, où elle prit l'habit de tertiaire. Grâce à leur conversation hebdomadaire, chaque dimanche, Edith Stein fut tenue au courant de la persécution contre les Juifs.

En 1940/1941, alors que la Hollande était déjà occupée par les Allemands, sœur Benedicta se plongea dans la théologie mystique de Denys l'Aréopagite, dont elle tenta de pénétrer la pensée au moyen de la méthode phénoménologique. Son étude était destinée à une revue américaine. Elle ne fut publiée qu'en 1946 dans la revue dominicaine *The Thomist*. Parallèlement, sœur Benedicta travailla à une grande étude sur saint Jean de la Croix, *Kreuzeswissenschaft,* que sa supérieure l'avait encouragée à entreprendre en 1942 pour le quatre centième anniversaire de la naissance de saint Jean de la Croix. Le livre était presque achevé lorsqu'Edith Stein fut arrêtée par la Gestapo.

Le 28 juillet Edith avait appris qu'un de ses frères avait été emmené avec sa famille. Le 29 juillet elle écrivait à une amie que le couvent du Pâquier dans le canton de Fribourg, en Suisse, acceptait de les recevoir, elle et sa sœur. Le 2 août sœur Benedicta dut quitter le couvent sur l'ordre de la Gestapo. Faute de temps, les efforts pour transférer sœur Benedicta dans un carmel suisse avaient échoué[4]. Avec sa sœur Rosa, Edith fut emmenée à Amersfoort. Une ancienne élève l'aperçut le 7 août à la gare de Schifferstadt. Edith put encore lui crier ces mots : « Saluez les sœurs à Sainte Madeleine. Je suis en route vers l'Est ». Sa dernière trace s'arrête à un billet écrit au crayon : « Salutations, en route pour la Pologne. Sœur Teresia Benedicta ». Edith Stein était sur le chemin d'Auschwitz.

Sr. Teresa Benedicta a Cruce, O.C.D. fut béatifiée en 1987 et canonisée le 11 octobre 1998.

2. Profil d'une œuvre

L'œuvre d'Edith Stein comprend aujourd'hui vingt-sept volumes, parus au Herder Verlag à Freiburg, Cette œuvre s'étend de 1915 à 1942 pour sa rédaction, de 1917 à 2014 pour sa publication.

Une délimitation chronologique de l'œuvre permet de distinguer ce qui recouvre la période phénoménologique, puis pour l'essentiel antérieure à la conversion d'Edith Stein (1922), puis, à la suite de sa conversion, ce qui relève d'une philosophie chrétienne, enfin ce qui se rattache expressément à la tradition du Carmel.

§1. Les travaux phénoménologiques.

La période phénoménologique est dominée par les figures d'Edmund Husserl, d'Adolf Reinach et de Max Scheler. Husserl, le « maître vénéré », initia Edith Stein à un discernement rigoureux des structures essentielles non seulement de la réalité physique, mais aussi des manifestations de la conscience personnelle, les *Erlebnisse,* le « vécu », dont les plus importantes sont le connaître et le vouloir. Ces actes de conscience ont pour corrélat *ce qui* est connu et voulu. Ces actes, perçus par la conscience, ne peuvent être analysés indépendamment d'une relation à l'« instance intentionnelle » – la conscience pure – qui les « vise ». C'est à cette école, rigoureuse dans sa technicité et ambitieuse dans sa métaphysique, que se forme Edith Stein, bientôt attentive à distinguer différentes modalités du connaître. S'il s'agit de distinguer entre connaissance empirique et intuition d'essences (*Wesensschau*), il faudra également distinguer entre intuition de vision (*Einsicht*) et intuition d'empathie (*Einfühlung*). Celle-ci est une véritable « sympathie cognitive » entre des sujets, proche de cette connaissance que Max Scheler définissait par le terme de « connaissance du cœur ». Il n'est pas étonnant que ce soit dans *Zum Problem der Einfühlung* que l'on trouve les premières indications d'une sensibilité d'Edith Stein aux valeurs religieuses.

La deuxième œuvre de facture phénoménologique concerne les fondements philosophiques des *Geisteswissenschaften,* improprement traduit par « sciences humaines ». Ces *Beiträge,* parus en 1922, gravitent autour de deux pôles : les sciences qui portent sur des phénomènes irréductibles aux lois physiques et biologiques, et la personne, en tant qu'individu et communauté, dont il s'agit de construire la théorie. Les travaux ultérieures d'Edith Stein sur la personne, sa structure et son développement, s'enracinent dans ces *Beiträge,* où les concepts de causalité (physique) et de motivation (psychique et spirituelle) sont définis avec précision, et qui contiennent également les analyses de la notion de communauté, dont certains thèmes sont repris dans la *Untersuchung über den Staat,* (*Recherche sur l'Etat*), parue en 1925. C'était la seconde tentative de Frau Dr. Edith Stein de se faire habiliter auprès de l'Université allemande.

Dans cet ouvrage elle applique les notions de forme et de contenu à l'institution de l'Etat et à la communauté d'un peuple. Par son histoire, un peuple est le *contenu* vivant de l'Etat, qui agit à la manière d'une *forme* – purement institutionnelle – sur le peuple et lui permet d'accéder au statut de nation. La souveraineté de l'Etat, qui est son essence, « sa structure ontique », va rejaillir sur le peuple sous la forme de droits et de libertés civiles. Edith Stein assimile cette souveraineté à un « moi » Et A l'instar du moi individuel, qui a besoin d'un « royaume », de nature ou de grâce, où prendre racine et substance, l'Etat vit du peuple dont il est la forme.

Ce qu'on peut appeler l'anthropologie d'Edith Stein se développe pour l'essentiel dans les années 30 dans le sens d'une recherche sur les fondements philosophiques puis théologiques d'une pédagogie (ESGA 14 et 15), que précède une réflexion sur la nature et la vocation de la femme (ESGA 13) dans la société et dans l'Eglise.

La rencontre du P. Erich Przywara, en 1925, et l'influence que ce jésuite d'une exceptionnelle intelligence exerça sur Edith Stein, furent décisives dans l'itinéraire philosophique de la phénoménologue devenue chrétienne. A la demande du P. Przywara, elle va traduire le Journal autobiographique John Henry Newman, ainsi qu'une partie de sa correspondance, avant de reformuler dans un langage philosophique moderne les *Quaestiones disputatae de Veritate* de saint Thomas d'Aquin (ESGA 23). Cette rencontre avec la grande scolastique incita la « néophite » à confronter ses deux maîtres, Husserl et Thomas d'Aquin, dans un texte de 1929 (ESGA 9, § 7). Edith Stein cherche à concilier l'ancien et le moderne sur le terrain de la méthode et de l'objet de la philosophie, ce dont témoigne avec une particulière insistance *Potenz und Akt*, qui se présente comme une réinsertion du couple acte/puissance – repris du *De potentia* de saint Thomas – dans l'univers méthodologique de la phénoménologie, et plus précisément de ses ontologies formelle et matérielle. On y reviendra plus loin. Qu'il soit simplement noté qu'entre la traduction du *De veritate* et l'aboutissement de *Endliches und ewiges Sein*, *Potenz und Akt* est une dernière tentative de se faire habiliter dans l'Université allemande.

Endliches und ewiges Sein est le fruit de sa quête de Sens de l'Etre, et d'une certaine façon une réponse définitive à Heidegger. Edith Stein y établit par ailleurs les conditions de possibilité d'une « philosophie chrétienne » par une série de démonstrations ascendantes, dont les principales peuvent être résumées ainsi :

1. Montrer, sur la base de l'expérience de l'être, le passage de l'être temporel à l'être éternel, avec pour paradigme l'idée platonicienne et son dérivé phénoménologique, puis
2. montrer, sur le terrain des étants, le passage de l'étant matériel sensible à la forme intelligible, avec pour paradigme l'essence aristotélicienne et ses dérivés scolastiques ; enfin
3. transvaluer l'idée platonicienne en archétype divin, ou « idée en Dieu », conçu comme modèle des formes et des valeurs qui, en tant que purs possibles, exigent de se

réaliser non seulement dans des choses mais surtout dans des actes dont les personnes sont les sujets responsables.

Certains thèmes abordés dans *Endliches und ewiges Sein,* comme la philosophie de la création, d'inspiration augustinienne, l'angélologie ou la mystique, se retrouvent ailleurs dans son œuvre, notamment dans son essai de 1941 sur « Les voies de la connaissance de Dieu », symbolique et mystique, selon Denys l'Aréopagite, dans les commentaires sur le « Château de l'âme » de sainte Thérèse d'Avila, qu'Edith Stein étudia en fonction d'une analyse philosophique de la nature de l'âme. En 1942, année de sa déportation, la *Kreuzeswissenschaft,* la « Science de la croix », consacrée à saint Jean de la Croix, viendra sceller son œuvre. Dans ce livre éclate une dernière fois l'extraordinaire lucidité de la moniale devant des textes qui la sollicitent autant dans son intelligence que dans sa vocation de carmélite.

§2. Le dialogue entre phénoménologie et scolastique

Edith Stein a été la première à se demander dans quelle mesure il était possible d'accorder la phénoménologie et la philosophie scolastique, avec pour référence essentielle l'œuvre philosophique de Thomas d'Aquin. En 1925, donc quatre ans après sa conversion, elle entreprend, comme on l'a vu, de traduire les *Quaestiones diputatae de veritate.* Suivront, dans *Endliches und ewiges Sein* des références explicites au *De ente et essentia,* dont il existe une ébauche inédite de traduction alors que *Potenz und Akt* reprend la thématique du *De potentia.*

Secondairement apparaît, en aval, le nom de Duns Scot et le thème de l'*haecceitas,* puis en amont saint Augustin et surtout le Pseudo-Denys auquel elle consacre l'étude que l'on vient de citer. Autant de témoignages de l'environnement chrétien dans lequel se développe la pensée d'Edith Stein à partir du moment où elle accepta l'idée d'une philosophie en harmonie avec la foi chrétienne et la tradition catholique.

Edith Stein pose très clairement la question, apparemment sans réponse, du dialogue entre une philosophie qui procède du vécu même du penseur, et d'une philosophie qui serait le prolongement d'un héritage et qui s'appuierait sur des autorités. La première serait la phénoménologie, l'autre la scolastique. Disons d'emblée que cette opposition est boiteuse, en ce sens que Edith Stein n'est pas simplement une élève de Husserl ou de Reinach ; elle en est une disciple, et l'équipe de Göttingen constituait pour elle une famille. Elle serait la première à admettre que Husserl fut pour elle un maître, une autorité. D'autre part, elle est trop peu historienne de la philosophie (et surtout de la philosophie médiévale) pour ne pas être amenée à lire saint Thomas comme s'il puisait dans son expérience spirituelle et dans le fond de sa personnalité intellectuelle les thèmes porteurs de sa philosophie ; mais elle est également trop avertie de l'importance philosophique du sujet pour ne pas évoquer des filiations historiques entre Augustin, Descartes et Husserl.

Une fois écartés les faux problèmes, restent les questions sérieuses, qui sont celles qu'évoque l'écrit de 1929 sur Husserl et Thomas d'Aquin.[5] Il porte sur les similitudes entre certains traits de la méthode utilisée de part et d'autre, critique et dogmatique, mais achoppe sur un problème métaphysique fondamental : sur ce qui oppose une conception *égo*centrique et une conception *théo*centrique du monde. L'absolu est-il un Ego ? Oui à condition de passer par une théorie du sens de l'Etre et de reconnaître dans l'Etre absolu un JE qui se révèle comme « Je Suis Celui qui Est ».

Alors que le thème de l'analogie sous-tend tout *Potenz und Akt*, que l'analogie porte autant sur la puissance en

Dieu et dans les créatures (en des sens distincts) que sur l'acte dans l'Un et dans les autres, on assiste dans *Endliches und ewiges Sein* à un dépassement de l'analogie traditionnelle – d'attribution de proportionnalité – à l'avènement d'une analogie du « Je suis » qui à la fois désabsolutise les philosophies du sujet (Descartes, Husserl) et intègre une philosophie de la Personne – du « Je suis » divin (Ex. 3.14) et du « je suis » humain – dans une philosophie théocentrique.[6]

Ce qui n'est autre qu'un prodigieux réancrage de la métaphysique dans la tradition la plus authentiquement juive, au détriment – si j'ose dire – de l'héritage gréco-latin de la substance, des essences et des idées.

Chapitre premier

SAVOIR ET VÉRITÉ

L'amour de la vérité est la clef qui donne accès au sens de l'activité d'Edith Stein. Une activité qu'on ne doit pas séparer de la vie, ou, pour parler plus précisément, de ce qu'elle a vécu et souffert. Ce qui est en jeu dans cette œuvre, c'est le combat philosophique de la disciple de Husserl, sa tension vers la possibilité d'atteindre la vérité absolue, doublé d'une ascension sur le chemin du mont Carmel vers une expérience d'amour radicale. La conversion d'Edith Stein à la foi chrétienne et son entrée dans l'Eglise catholique ne signifièrent aucunement une rupture avec la philosophie – sans quoi son interrogation sur le sens et sur la possibilité d'une *philosophie chrétienne* n'eussent pas revêtu l'importance que l'on sait dans son œuvre. Son entrée au Carmel constitue à cet égard – mais a posteriori seulement – à la fois un approfondissement et un accomplissement des orientations fondamentales de son travail philosophique antérieur. Pour le formuler plus précisément : si la rigueur d'Edmund Husserl a permis à Edith Stein d'atteindre à sa stature de philosophe, la phénoménologie, en tant que philosophie de la « conscience des choses » lui a ouvert la voie vers Thomas d'Aquin, et en tant que philosophie de la « conscience vivante », vers la sagesse augustinienne et vers l'idéal carmélitain de la contemplation. L'abnégation totale lui fut un don de la grâce.

La phénoménologie, en effet, comme philosophie et comme science, obéit à des impulsions intellectuelles dont la nature, à l'arrière-plan de leur position rationnelle, relève d'un authentique amour de la vérité, que l'on peut décrire, à son tour, comme « vérité de l'amour ». C'est d'ailleurs ainsi qu'Edith Stein l'a ressenti et pratiqué dans l'entourage immédiat de Husserl, dans l'étroite amitié intellectuelle d'Adolf Reinach, mais aussi en suivant l'exemple de Max Scheler, pour qui la phénoménologie se distingue d'autre philosophie par ses fins, qu'il situe précisément dans l'*ordo amoris*. Des fins qui, une fois réalisée la rencontre de la phénoménologie et de la foi chrétienne, trouvent leur accomplissement dans une relation renouvelée à la Vérité, et dans une expérience d'Amour absolument personnelle.

1. Amour de la vérité

L'amour d'Edith Stein pour la vérité se présente sous deux aspects différents. Le premier aspect est lié au concept d'« objectivité », que l'on peut décrire comme un regard posé soit sur les structures de l'étant, soit sur l'essence de l'étant. La contemplation de l'essence des choses est le fondement de la « vérité objective ». L'amour de la vérité objective doit être mis au nombre des dispositions psychiques et éthiques d'un individu pour qui la « connaissance vraie » est une valeur non seulement élevée mais aussi thématisable. En ce sens, l'« amour de la vérité » signifie le dépassement d'un idéal platement positiviste d'une science prétendument « exempte des valeurs » (*wertfrei*). L'amour de la scientificité est ainsi un amour de la vérité telle qu'elle se donne dans la relation de l'esprit connaissant à la chose méthodiquement connue. Amour, donc, d'un savoir, qui connaît le vrai et fait amoureusement l'expérience du réel.

Le second aspect de la notion d'« amour de la vérité » est lié à l'« autre », par lequel et avec lequel est réalisée l'expérience du Vrai. Il s'agit de la relation personnelle, empreinte de vénération, du disciple avec son maître, mais qui doit être dépassée si la vérité vient à apparaître dans une nouvelle lumière. *“Mihi magis amica veritas”* aimaient à dire les médiévaux. Edith Stein elle-même fut contrainte d'aborder la pensée de Husserl de façon critique dès qu'elle ne parvint plus à concilier l'« égocentricité » foncière de l'idéalisme transcendantal avec le « théocentrisme » juif et chrétien.

De même peut-on remarquer deux aspects dans le rapport d'Edith Stein à Thomas d'Aquin et à la scolastique : d'une part elle procède à une évaluation philosophique, aussi objective que possible, de l'œuvre du maître, notamment sur l'accord méthodologique entre scolastique et phénoménologie ; d'autre part, sa relation au grand médiéval est conditionnée par le fait que saint Thomas est *le* penseur de l'Eglise catholique, et par conséquent qu'il ne peut être séparé de l'amour qu'Edith Stein porte à l' Eglise. Une tension intérieure peut donc exister entre une découverte à la fois objective et critique de la vérité, et une vérité liée à une personne. Cette dialectique ne trouve sa résolution qu'au moment où le rapport spirituel à l'être en tant que condition générale de vérité devient en même temps relation aimante à « l'Etre en personne ». Alors l'amour de la vérité n'est plus simplement le sacrifice d'intérêts personnels par amour idéaliste de la Vérité, comme il peut se faire dans la science pure et la philosophie, mais une relation spécifique à celui qui Est « en vérité » : Dieu. Toute la personnalité d'Edith Stein est là, le mouvement de son intelligence aussi, à la fois calme et impétueuse dans sa quête et son combat pour la vérité :

Quand l'entendement ose à l'extrême, alors il atteint ses propres limites. Il prend son départ pour trouver la vérité la plus haute et définitive, et découvre que tout notre savoir est du travail partiel. C'est alors que se brise l'orgueil, et que nous voyons une double possibilité : ou bien il tourne en désespoir, ou bien il s'incline, plein de respect, devant la vérité insondable, et accueille humblement dans la foi ce que l'activité naturelle de l'intelligence ne peut pas conquérir. L'intellectuel prend alors, à la lumière de la vérité éternelle, l'attitude juste face à son propre intellect (...) D'un autre côté il reconnaît l'étendue légitime de l'activité naturelle de la raison, et y accomplit sa tâche tel le paysan labourant son champ, comme quelque chose qui est bon et utile, mais clos à l'intérieur de frontières resserrées, comme toute œuvre humaine. Celui qui est arrivé jusque-là ne traitera plus personne de haut. Il aura cette humanité naturelle et sans apprêt, la simplicité profonde et sans feinte qui sans embarras et sans entraves franchit toutes les barrières. Il pourra user, sans timidité, parmi le peuple de sa langue d'intellectuel parce qu'elle lui est aussi naturelle qu'au peuple la sienne, et parce que visiblement sa langue n'est pas pour lui supérieure. Et il pourra vaquer à ses problèmes intellectuels parce qu'après tout c'est son métier naturel ; il utilisera sa raison comme le menuisier sa main et son rabot, et s'il peut être utile à quelqu'un avec son travail, il y sera volontiers disposé. Et comme tout travail honnête, exécuté selon la volonté de Dieu et en Son honneur, celui-là aussi peut devenir un instrument de sanctification.[5]

2. Qu'est-ce que la vérité ?

Edith Stein aborde la question de la vérité aux paragraphes 10 et 14 du cinquième chapitre de *Etre fini et être éternel.* Pour résumer cet ouvrage capital, disons que cette « montée vers le sens de l'être » présente deux faces : l'une augustino-phénoménologique, l'autre aristotélico-thomiste, que Edith Stein traverse, puis dépasse, pour élaborer une conception approfondie de la relation entre le créé et l'incréé, où domine une problématique de l'analogie. C'est ainsi qu'Edith Stein s'élève de la théorie classique de l'adéquation entre réalité et intellect vers la question du fondement de cette adéquation :

L'étant en tant que tel, tel qu'il est en lui-même, est la condition de possibilité de l'adéquation ou de l'inadéquation avec l'esprit connaissant, donc de la vérité ou de la fausseté logiques. Et comme fondement de la vérité logique, c'est l'étant lui-même – en un sens transcendantal – qui est appelé vrai. (...)

La chose est ce qu'elle est, mais cela ne signifie pas encore qu'elle est pleinement ce qu'elle doit être. En cela, il y a du plus et du moins. On retombe toujours sur l'opposition entre l'être réel et l'être essentiel des choses, entre forme d'essence et forme pure (...) une chose n'est quelque chose « en vérité » que lorsqu'elle coïncide avec sa forme pure. Mais le propre de l'étant qui finalement rend possible son adéquation à un esprit connaissant, et qui fait sa vérité transcendantale, me semble être encore autre chose que sa réalité et que son adéquation à sa forme pure, bien que ce soit étroitement lié à ces deux déterminations. [6]

Edith Stein ajoute avec la plus grande netteté que l'« être-ouvert à un esprit », ou son « ordination à l'esprit », est un aspect nouveau de la théorie de la connaissance. Cette ouverture n'ajoute rien à l'étant tel qu'il est en soi, mais elle implique que l'étant, en soi ou dans sa « vérité ontologique », ne suffit pas pour conditionner la vérité logique (ou cognitive). La vérité transcendantale intervient ici au sens de l'ordre de la totalité dans lequel l'étant est intégré en tant qu'objet de connaissance :

Il appartient à l'étant, en tant que totalité, d'être une totalité ordonnée : chaque étant isolé y a sa place et son rapport fixé avec tout autre ; l'ordre est une partie de l'étant (ainsi compris), et l'ouverture ou l'adordination à l'esprit, qui pour nous est synonyme de vérité transcendantale, est une partie de cet ordre.[7]

La notion d'ordre apparaît ici comme un point de croisement entre la phénoménologie et une scolastique encore reliée à Platon. C'est aussi le moment où un substantialisme naturaliste est dépassé en direction d'un réalisme transcendantal, qu'Edith Stein n'oppose pas à la phénoménologie comme telle, mais à sa caractérisation comme idéalisme transcendantal.

La connaissance se modalise évidemment de manière différente selon que l'étant s'ouvre à l'esprit divin ou à l'esprit humain, et, au plan anthropologique, encore autrement selon que l'étant est issu des choses de la nature ou des œuvres d'art faites de main d'homme, ou que le sujet connaissant soit de type « intellectuel » ou « artistique ». Mais dans la mesure où l'évidence est constitutive de la vérité, on ne doit pas seulement parler d'une vérité « logique », mais aussi, étant donné la relation entre esprit créateur et œuvre d'art, d'une vérité « artistique » :

La vérité artistique est l'adéquation de l'œuvre avec l'idée pure ; en cela peu importe si à cette idée correspond quelque chose dans le monde « réel » de notre expérience naturelle (...) mais comme l'œuvre doit sa vérité artistique à l'idée contemplée, et comme cette contemplation est un acte de l'artiste, par quoi il imprime l'idée à la matière, l'éclaire et la conduit, et ainsi la réalise progressivement, il s'établit un lien entre la vérité artistique et une étrange sorte de vérité logique.[8]

Les réflexions autour du thème de la « vérité artistique » attestent implicitement l'influence de Roman

Ingarden, auteur de *L'œuvre d'art littéraire*[9] dont la rédaction allemande avait été révisée par Edith Stein. La présence d'une veine typiquement phénoménologique est clairement reconnaissable dans l'élaboration de cette théorie de la vérité.

Au plan théologique, la question de la vérité ne se pose pas en termes de propositions dogmatiques, telle qu'elle est exposée dans la théologie positive. La réflexion phénoménologique atteint là le fondement le plus profond de la vérité en montrant qu'en dernier ressort Dieu, l'« esprit créateur divin », est le fond primordial de toute vérité, ou de tout être-vrai. A ce niveau, convient-il encore de définir la vérité comme adéquation de l'intellect connaissant et de la chose connue ? L'idée de « connaissance divine », par sa relation intentionnelle entre Dieu et ce qui est connu de Lui, implique une connaissance non pas de « pure pensée », mais suprêmement réelle et effective (« Les choses lui doivent l'être et ce qu'elles sont »). Il ne peut donc s'agir simplement d'une « adéquation logique », propre à l'esprit créé. En Dieu, les idées ne sont pas « quelque chose » venant s'ajouter de l'extérieur à l'esprit divin. Identiques à l'essence divine, les idées constituent cependant l'autodétermination et l'autolimitation que celle-ci s'impose à elle-même en tant qu'archétype des choses finies. Les idées sont nécessairement vraies, de la vérité de Dieu qui est la mesure de toute chose. Elles sont pures transparence à l'esprit divin ; on peut donc difficilement parler d'une *adordination,* « car les idées ne sont finalement rien d'autre que l'esprit divin, qui en tant que tel est évident à lui-même ».[10]

Ici, l'évidence comme *Selbstgegebenheit* phénoménologique est comme transposée dans l'esprit divin.

Aussi peut-on conclure avec Edith Stein que l'être-connu, ou l'être-vrai, est un gain de sens. Car ce n'est que dans l'être-en relation, ou dans l'être-ordonné-à, que l'amour est possible. Si l'être-connu ne devait nullement être un *novum* pour l'étant, il n'y aurait pas non plus de jugement véritable dans l'être-vrai. C'est la réponse d'Edith Stein à tout logicisme dominateur : *« pour plus d'un étant l'adordination à l'esprit peut être d'un certain point de vue la condition de son accomplissement : dans la mesure où être connu l'élève au rang d'un être spirituel »*.[11]

3. La Vérité dans le savoir

§1. *Phénoménologie*

La phénoménologie est avant tout une science des essences, des invariables idéaux, en tant que données ou manifestées à une conscience ; tout ici est dans la différence entre paraître et apparaître. Ensuite la phénoménologie est une *Weltanschauung*, une disposition d'esprit qu'explicite une ligne de conduite existentielle. L'aspect scientifique de la phénoménologie vient directement de Husserl, et solidairement de son assistant, Adolf Reinach qui, comme auteur d'une phénoménologie du droit, avait particulièrement attiré l'attention d'Edith Stein. L'aspect *Weltanschauung* est souligné au sujet de Max Scheler et s'impose dans des débats centraux.

La pensée d'Edith Stein est caractérisée par son combat pour établir une assise « essentielle » à la connaissance : en premier lieu sous la forme purement phénoménologique de l'intuition d'essence (*Wesensschau*) qui, méthodologiquement prémunie contre toute espèce de relativisme, répond au désir d'assurer à la philosophie le statut de « science rigoureuse ». Le travail philosophique exige la précision aussi bien dans les méthodes que dans les concepts qu'il utilise. C'est seulement après avoir atteint cette précision scientifique qu'il sera possible de diriger le regard intérieur vers des déterminations d'être ou d'idées essentielles, et par là même d'établir une science des fondements capable de garantir une base inébranlable à tous les domaines du savoir. Le lien est ainsi renouvelé avec l'idéal cartésien d'une « première philosophie », et, au-delà, avec le platonisme, pour qui la connaissance des idées, dans leur immutabilité absolue, dévoile à l'esprit les normes qui déterminent les relations entre l'être et l'étant.

La vérité apparaît donc soit comme une relation réelle, « objectale », entre l'esprit connaissant et l'essence des choses connues, soit comme une relation intentionnelle, « subjectale », entre la conscience (*noesis*) et les contenus de la conscience (*noemata*). Tout le système relationnel de la phénoménologie repose donc sur un paradigme d'évidence, cas idéal de relation sujet-objet où ni l'un ni l'autre n'oppose au pôle-partenaire l'épaisseur opaque d'une substance réelle, existante. En ce sens la phénoménologie est un regard qui pénètre la cohérence pure du possible, ce regard étant rendu possible par une *réduction (epochè)* de la chose à sa pure phénoménalité, à son pure apparaître dans sa pure essentialité.

Le phénoménologue ne conçoit pas ces contenus comme des substances autonomes, indépendantes de la conscience, à la différence des « idées » de Platon, ni l'esprit comme une réalité autonome – comme Descartes qui a compris la pensée comme *res cogitans*, quelque chose qui pensée. La noétique de Husserl est un pur rapport intentionnel de l'essence et de la conscience, où le *sens* d'une réalité (au sens d'une « res » matérielle, psychique ou spirituelle) se constitue – dans la saisie intuitive de son *essence* – pour devenir, dans la conscience qui fait en elle l'expérience d'un être essentiel, le thème de la « psychologie » phénoménologique.

Cette uni-dualité d'essence et de pensée dans la philosophie husserlienne doit être soulignée si l'on veut saisir pourquoi Edith Stein, mue par l'idéal rigoureusement scientifique de l'intuition d'essence, pose son regard sur l'essence et le sens des choses, en même temps que son attention se porte avec un même souci de dépouillement phénoménologique à autre choses que les « choses » : d'abord à autrui, puis aux valeurs de l'esprit – donc à la formation d'expériences constitutives de la personne.

Mais la phénoménologie – on l'a souligné – ne se résume pas à la seule intuition de l'essence des choses. Elle est aussi une *Weltanschauung*, une image du monde forgée par la réflexion des philosophes (au-delà du domaine strictement scientifique) et capable d'orienter, ou de désorienter, la vie de l'homme. Ainsi, dans les années trente, Edith Stein perçoit l'influence « nihiliste » de Heidegger sur la jeunesse, mais aussi l'émergence d'une sensibilité pour les valeurs religieuses et éthiques, qu'elle fait remonter à Scheler. Elle voit en Husserl un maître de probité et dans son cercle une école de pensée sans préjugés. C'est d'ailleurs « librement et sans préjugés », comme elle le dit elle-même, qu'elle est allée vers la « vérité catholique ». Attitude spirituelle et responsabilité sociale des intellectuels se mélangent dans la notion de *Weltanschauung*, et rendent sa définition exacte malaisée. Mais chacun des aspects y trouve naturellement sa place lorsque l'on considère comment, chez Edith Stein, la certitude de la puissance efficace de la vérité forme le lien entre la théorie et la pratique :

Que les théories philosophiques aient une très forte influence sur les conditions de vie concrète, est évident pour quiconque est familier de l'histoire des idées et de l'histoire politique et perce à jour les liens entre les deux. Mais celui qui examine ces rapports sait aussi que les répercussions pratiques des idées philosophiques se font avec une extrême lenteur, que par exemple nous sommes encore empêtrés dans les suites de la Renaissance et du rationalisme. Mais c'est précisément ce qui montre que philosophie et conduite pratique de vie, en particulier la conduite de l'Etat, ne se trouveront pas, en règle générale, associées dans une union personnelle. La philosophie peut bien être désignée comme guide. Mais le philosophe jouera le mieux son rôle de guide en restant fidèle à la théorie et en essayant de son mieux de la faire avancer. Il peut être assuré que tout progrès dans le discernement portera ses fruits dans la vie pratique.[12]

Edith Stein ne se laisse pas impressionner par des théories qu'aucune réflexion critique ne vient cautionner. Elle ne se donne qu'à la vérité éprouvée, c'est-à-dire vécue. Cette compénétration de science et d'éthique fonde en grande partie le sens de la philosophie qu'elle a fait sienne, et détermine largement chez elle son idée de la personne.

*

Pour la jeune lectrice des *Logische Untersuchungen* de Husserl, la phénoménologie était un « retour aux choses mêmes », ce qui impliquait de renoncer aux tentatives d'expliquer les faits uniquement par leurs rapports aux données empiriques, psychiques et historiques. Il devait être mis un terme au relativisme et au réductionnisme régnant, et en premier lieu dans le domaine de la mathématique et de la logique. Non pas en lui substituant un réalisme naturaliste, pour qui les « choses » sont connues dans l'évidence de leur matérialité mais par un procédé de réduction au terme de cette réduction, un acte d'intuition saisi « l'être-nécessaire » des choses, et, par là-même, ce qui constitue l'autonomie de leur contenu de sens. Le fait que ce sens « objectif » soit ouvert à une conscience ne signifie pas que celle-ci soit le fondement et de la réalité de l'objet et de sa connaissance, mais correspond au caractère fondamentalement relationnel de la vérité.

Le terme de *chose (Sache)* doit être compris comme *ce que* vise le sujet, qui à son tour est déterminé par l'acte dans lequel il se rapporte à l'objet. Et la vérité comme *Sachlichkeit* a autant le sens de « réalité » – réelle pour les uns, intentionnelle pour les autres – que d'absence de tout préjugé .Or, telle est bien l'idée et l'éthique qui est au fondement de la philosophie de l'essence d'Edith Stein.

Son testament pédagogique nous apprend que la *Sachlichkeit* est une éthique, une attitude morale et personnelle. Dans un contexte où il semble qu'on ait reconnu à la personne une vérité ontologique dont le concept menaçait de se réduire au pur *ego* de l'idéalisme transcendantal, Edith Stein démontre que la pensée « objective » ne peut pas représenter un idéal purement gnoséologique. La personne doit éduquer spirituellement son regard cognitif pour l'accorder à cette pensée objective, réalisant existentiellement cet *ethos* de la sobriété qu'est la *Sachlichkeit.* La notion de personne contient déjà ici les éléments qui feront éclater le cadre théorique dessiné par Husserl. Mais cela n'apparaîtra clairement qu'à la lumière de positions ultérieures.

§2. *Les sciences de la nature*

Comparées aux sciences humaines, les sciences naturelles occupent peu de place dans la réflexion d'Edith Stein. Elle n'en traite qu'à l'occasion d'une interrogation sur la nature de la philosophie et de ce qui distingue celle-ci des sciences empiriques. Par sciences de la nature, Edith Stein entend principalement la physique, et en termes d'anthropologie, la physiologie. L'essentiel de ses réflexions sont ramassée en une vingtaine de pages de l'*Einführung in die Philosophie*.

Edith Stein y souligne l'importance de deux a priori méthodologique constitutifs de la physique : premièrement ne recevoir que ce qui est mesurable, à savoir l'espace et le temps, y compris le mouvement ; deuxièmement, distinguer entre les qualités « essentielles » et les qualités « accidentelles » – comme les sons et les couleurs –, pour ne retenir que les premières, seules objectives, les autres relevant de l'ordre « des apparences qui dépendent de l'observateur ».[12] Postulats auxquels la disciple de Husserl répond par deux objections :

D'abord, pour ce qui est de limiter l'investigation scientifique aux phénomènes mesurables, Edith Stein objecte que cette option implique précisément un a priori, une restriction initiale, contraire à l'attitude phénoménologique.

De plus, le recours systématique à la mathématisation de l'objet physique interdit la recherche proprement métaphysique – pourtant fondamentale pour la physique et pour toute « connaissance de la nature » – de l'essence de l'espace, du temps, du mouvement, et sur les conditions de possibilité des mesures.

Ensuite, pour ce qui est de la distinction entre qualité « essentielle » et qualité « accidentelle », l'objection n'est pas moins radicale : « Comment peut-on ignorer les qualités sensibles – secondes – sans supprimer tout l'objet ? » Cette objection implique non seulement d'inscrire la sensibilité dans une philosophie du savoir, mais pose également la question du rapport, dans le sujet connaissant, entre le monde extérieur – auquel appartient le corps du sujet – et le monde intérieur de la sensibilité. L'enjeu est ici celui du dilemme métaphysique entre réalisme et idéalisme, dont Edith Stein ne tranchera le nœud que beaucoup plus tard, après avoir dépassé toutes formes de naturalisme et de psychologisme, comme l'exigeait la discipline phénoménologique.

*

Au-delà des sciences naturelles se profilent des considérations métaphysiques originales sur des phénomènes naturels tels que la matière inerte et la matière vivante, ou le principe de vie des végétaux et des animaux, comparés à l'âme humaine. Nous reviendrons plus loin sur l'idée de nature qu'Edith Stein développa dans *Potenz und Akt*, qui est au fond une ontologie du Devenir, en dialogue avec son amie Hedwig Conrad-Martius.

§3. *Les sciences humaines*

Edith Stein était une « scientifique », pour qui la phénoménologie se définissait avant tout comme une « science rigoureuse », et la science comme un combat pour la vérité et comme une « assimilation » au Vrai. Il n'y a donc rien d'étonnant à ce que son dernier ouvrage porte le titre de *Science de la Croix*.

Cet éthos scientifique est de règle pour le cercle des phénoménologues et est constamment respecté dans les *Annales de phénoménologie et de recherche philosophique*, où parut le long traité sur les *Fondements philosophiques de la psychologie et des sciences humaines*[13]. Cette étude, qu'Edith Stein dédia à Edmund Husserl pour son soixantième anniversaire, est une poursuite du thème de l'*Einfühlung* que nous aborderons dans le chapitre suivant, où nous mettrons en lumière les prémices de la question de la personne. Dans les *Fondements*... il ne s'agit pas encore d'une science de la personne, mais des conditions méthodologiques préalables à cette science.

La « science de la personne » est la science de l'homme en tant que celui-ci est constitué d'un *corps*, d'une *psyche* et d'un *esprit*. Une science qu'Edith Stein élabore dans la perspective supérieure d'une science de l'âme – dont le sommet sera le commentaire mystique de la « *Kreuzeswissenschaft* » –, et qui implique, en raison de la constitution tripartite de son objet, non seulement un savoir complexe, mais aussi le concours d'autres disciplines scientifiques pour répondre au critère de « science rigoureuse ». Science interdisciplinaire donc, à l'intérieur de laquelle les diverses sciences de l'homme devraient être distinguées d'abord des sciences de la nature, puis celles-ci distinguées entre elles selon leurs domaine et leurs méthodes.

Dans les « *Beiträge* », Edith Stein traite peu de la dimension corporelle, qu'elle situe d'abord dans le domaine des sciences de la nature, pour ensuite en faire un thème métaphysique, comme le montre « *Potenz und Akt* ». Son intérêt se porte principalement vers la distinction entre *Psyche* et *Geist* (esprit) – donc entre psychologie et sciences de l'esprit (*Geisteswissenschaften*) –, une distinction elle-même corrélative du dépassement de la psychologie (pour laquelle le critère de vérité du savoir se réduit à des données psychiques) par le biais d'une approche des structures fondamentales du phénomène de la conscience. La *conscience* et les expériences dont elle est le « suppôt » d'être deviennent ainsi la porte par laquelle la phénoménologie aborde le monde de l'esprit : phénoménologie et sciences de l'esprit sont donc étroitement liées.[7]

Parmi les phénomènes qui composent le monde qui nous est donné et qui attendent un éclairage scientifique, nous rencontrons la réalité psychique, objet de la psychologie. Bien qu'elles échappent à toutes relations *causales*, les réalités psychiques individuelles présentent suffisamment de régularités et de motivations communes pour en dégager une théorie psychologique objective et la formuler dans des lois dont la validité est universelle.

Les relations interhumaines attestent par ailleurs l'existence du domaine de l'*esprit* ; elles ne sont possibles que dans la mesure où ce qui se passe dans la *psychè* est la réalisation d'une vie de l'*esprit*. De ce point de vue, les sciences de l'esprit, à la différence des sciences anthropologiques purement empiriques, doivent déterminer leurs méthodes et leur portée, – explicative d'un côté, interprétative de l'autre, (ce qui fut en particulier une tâche assumée par W. Dilthey), ces dernières impliquant une problématique du sens.

Ne sont pas porteurs sens (sinnhaft) *que les connexions de vécus, mais également la structure des sujets dans la mesure où ils sont le centre d'une vie spirituelle riche de sens – donc ce que nous appelons des personnes spirituelles. Sont riches de sens dans leur structure les ensemble sociaux de personnes spirituelles, grâce auxquels leur vie consonnent dans la réalisation de connexions de sens. Sont enfin chargés de sens les formations qui dans la vie de l'esprit apparaissent comme de nouvelles réalités objectives : le langage, le droit, l'art, l'Etat et d'autres organisations de la vie de l'esprit, bref tout ce que l'on peut rassembler sous le terme de culture et d'esprit objectif.*[15]

A l'intérieur des sciences humaines on peut effectivement distinguer entre d'une part une *matière* faite des contenus de signification et des structures de sens, et d'autre part une forme, ou *esprit*, constituée par l'intention des créateurs d'œuvres culturelles. La psychologie n'intervient pas dans l'étude des structures – Roman Ingarden notamment le montrera pour « l'œuvre d'art littéraire » –, mais dans celle de la genèse d'une œuvre, car

« les actes créateurs, en tant qu'ils sont les actes d'individus humains, sont des processus psychiques, donc soumis aux régulations du psychisme ». Il ne s'agit pas tant d'une explication psychologique que d'une compréhension psychologique : elle ne donne pas le sens de l'œuvre mais indique, pour un individu particulier, les conditions psychiques de sa capacité personnelle de création.

La théorie de la compréhension, ou herméneutique, présente donc dans son analyse un double aspect : génétique et culturel. Mais elle réunit aussi le général et le singulier, par exemple le droit romain et la poésie de Gœthe, ou des phénomènes comme ceux de la psychologie « différentielle » ou de l'ethnologie :

Il faut séparer radicalement de ces sciences humaines « inductives » d'autres disciplines qui dans la pratique en vigueur jusqu'à aujourd'hui ont été constamment mêlées et confondues avec elles. Tous les produits de l'esprit empiriques ont une structure a priori qui ne peut être mise en évidence ni dans la réflexion « individualisante » ni dans la réflexion « généralisante » (c'est-à-dire inductive), mais qui est présupposée par les deux et qui fait l'objet de nouvelles disciplines : les sciences humaines a priori.

° *La doctrine a priori du droit explore ce qu'est le droit en général et ce qui rend possible tout droit positif, et établit les conditions a priori du droit sans s'occuper de savoir si elles ont, dans un droit positif quelconque, produit une législation valide.*

° *La poétique a priori s'intéresse à ce qui appartient en général à une œuvre poétique et aux formes poétiques qui sont a priori possibles.*

° *La linguistique a priori n'enregistre ni ne compare les formes linguistiques qui existent dans les langues empiriques, mais recherche quels constituants rendent possible en général une langue et quelles formes d'expression peuvent en principe se présenter. – Ainsi de suite pour tous les domaines de « l'esprit objectif. »* [16]

Qu'en est-il alors de « l'esprit subjectif » ? Jusqu'à quel point peut-on parler d'une « science a priori » de l'esprit subjectif ? Edith Stein reconnaît la totalité des vécus intentionnels, les connexions a priori de vécus, la structure de la personnalité et de la société, etc. comme le terrain de la science de l'esprit subjectif. Les lois régissant la motivation du « je » établissent la science de l'esprit au rang d'une psychologie supérieure, dont le sujet est une personne saisie dans son individualité la plus fondamentale. C'est ici qu'Edith Stein démontre que ni les lois générales de la psychologie empirique ni l'aspect empirico-génétique des « sciences humaines objectives » n'ouvrent vraiment le chemin vers la personne et l'individu. Seule y parvient une science qui, ayant pris son départ dans la phénoménologie, dépasse l'étroitesse de la conscience du moi et le jeu de ses miroitements sur la surface de la psyché, pour devenir alors une science de « l'événement psychique comme réalisation de la vie de l'esprit ». La science de l'esprit, dans sa forme actuelle, n'a pas encore accompli « l'idée de la psychologie », qui semble être l'idéal scientifique d'Edith Stein :

L'idée de la réalité psychique et les catégories qui la constituent sont présupposées pour toutes les expériences du psychique et doivent être mises en évidence par une psychologie a priori (...). Pour autant que l'événement psychique soit la réalisation de la vie de l'esprit, il faut avoir recours à des recherches en sciences humaines pour l'éclaircir. Dans l'exploration de la psychè humaine la psychologie et la science de l'esprit peuvent donc travailler la main dans la main.

Les lois psychologiques a priori (par exemple le fait que la vie psychique est la conversion de la force vitale en vie réelle ; que chaque état psychique est conditionné par une cause ; que le développement d'une capacité se fait aux dépens des autres, etc...) laissent une marge, à l'intérieur de laquelle l'expérience et l'induction peuvent mettre en évidence des régularités empiriques.[17]

Une notion fondamentale se présente ici, celle de *vie* et de *force vitale.* Il s'agit de reconnaître la présence de cette force vitale dans ses différentes manifestations psychiques et spirituelles. Cette force vitale n'est pas une force « cosmique », comme la libido freudienne par exemple, mais le noyau et la source de l'individu, à partir desquels sa personnalité se développe. *Psychè* est donc un autre nom pour désigner la force vitale. A ce niveau, la *psychè* peut encore être un objet d'étude pour la science et un champ d'application de la théorie de la causalité. De même, l'analogie est encore possible entre une chose prise dans son individualité et l'individu humain. Mais l'analogie n'est plus possible lorsque l'on aborde le royaume de l'esprit, car là apparaît une individualité personnelle. Si bien que le passage à une théorie de l'individu permet de dépasser l'opposition entre psychologie et sciences humaines, au sens où ces disciplines divisent l'homme concret en *psychè* et esprit, en leur donnant d'aborder à un niveau supérieur l'homme comme personne et comme individu, selon son stade de développement. L'« idée de la psychologie » semble bien correspondre à l'idéal d'une connaissance de l'homme qui allierait à une rigoureuse scientificité un sens aigu de l'incroyable complexité de sa tâche.

Cela soulève la difficile question de la possibilité d'un traitement scientifique de l'individualité. Nonobstant la réponse que Dilthey avait apporté à cette question, depuis

Platon et Aristote la philosophie convient qu'il ne peut y avoir que deux types de science : soit du général (perspective réaliste), soit des notions qui désignent l'existant individuel (perspective nominaliste).

Selon Edith Stein, les sciences descriptives définissent l'individu uniquement comme « exemplaire d'un type », alors que les sciences explicatives définissent uniquement selon les rapports de causalité qu'elles déterminent. Cette subdivision vaut tant pour les sciences de la nature (descriptives et explicatives) que pour la psychologie (descriptive et explicative). La science de l'esprit, envisage au contraire la personne avec ses qualités les plus spécifiques.

Toute personne spirituelle a sa qualité, qui confère à chacun de ses actes, quelle que soit sa structure générale, une note individuelle, et le distingue des actes de toute autre personne.[18]

Cette individualité justifie donc non seulement le fait que les sciences humaines doivent dégager des structures et des relations générales, mais aussi qu'elles prennent « l'individu dans son individualité pour l'objet de la recherche ». Les voies et les méthodes de cette connaissance de l'individu occuperont Edith Stein jusqu'à la fin de son activité intellectuelle.

A une étape plus avancée des *Beiträge* – dans le cadre de la discussion sur la doctrine de la connaissance de Windelband et Rickert, que nous n'étudierons pas ici –, la distinction entre *psychè* et esprit se transforme en une distinction entre « moi pur », comme sujet de la vie de la conscience, et « personne », comme sujet de la vie de l'esprit.

Le sujet de la vie de l'esprit est la personne, qui est un centre d'actes qualitativement déterminé, et même déterminé par l'unicité, et dont la qualité, seule, donne aux actes qui découlent d'elle la pleine concrétude. Elle est de surcroît la source jaillissante à laquelle se nourrissent les actes, et elle n'emprunte pas ses forces vitales à elle-même seulement (c'est-à-dire à son âme), mais reçoit aussi des apports du monde (...). Le monde de l'esprit, en tant que domaine de réalités transcendantales, se tient donc en relation avec la conscience, comme se font face le physique et le psychique. Comment elles se constituent pour la conscience, à la différence des autres réalités, cela doit rester réservé à un examen particulier.[19]

Dans sa tentative de « penser la personne », Edith Stein est à la recherche d'une phénoménologie de la personne et finalement mise sur la trace de l'être éternel dans l'être fini, humain. Composé d'un mystérieux entrelacement d'être, l'homme est à la fois étranger à toute détermination causale ou historique et cependant un objet d'étude scientifique en tant qu'être vivant-et-spirituel : comme organisme vivant, comme *psychè* constituée selon des lois, comme forme soumise à l'histoire et comme support de valeurs.

L'« idée de la psychologie » est pour Edith Stein la science fondamentale de la personne, tendue vers la connaissance de l'individuel, dont elle affirmera finalement qu'il est un *ineffabile*, un indicible. Ici Edith Stein se sépare de Husserl : car ce n'est pas un « ego pur transcendantal », ce n'est pas une « conscience méta-empirique » qui *est* finalement, mais bien cette créature dont le « je », le moi personnel, renvoie au « Je » divin qui dit de lui-même « Je suis Celui qui est » (Exode, 3, 14).

Dans l'élaboration de sa science philosophique de la personne, Edith Stein perçoit déjà l'« Etre en personne » qui fera tout l'objet de *Endliches und ewiges Sein*, et dans la nature « ineffable » de l'individualité humaine, la promesse de l'indicible union mystique à Dieu.

§4. *La philosophie comme science*

Endliches und ewiges Sein comprend en son premier chapitre un important développement sur la science philosophique et son rapport intime avec la vérité. La clarté conceptuelle et spirituelle du texte dispense de tout commentaire mais appelle néanmoins une distinction entre a) l'*idée de philosophie* et b) la *métaphysique* comme science de l'être ou comme ontologie.

L'idée de la philosophie implique la philosophie comme science, ce qui exige de distinguer entre l'état d'une science à un moment donné de son histoire, et la nature ou l'idée de la science.

Il faut en distinguer [de la science dans ses états successifs] la science telle qu'elle est selon sa nature, ou (...) la science en tant qu'idée. Nous pouvons nous imaginer qu'un domaine de la réalité a été exploré (...), que tout ce qui peut s'affirmer généralement à son sujet est disponible sous forme de propositions vraies, et que toutes ces propositions se tiennent dans une cohérence fondatrice appropriée, ou forment l'unité d'une « théorie achevée ». Telle serait une science dans son accomplissement idéal, « sans taches ni rides ». Pour notre expérience, produit historique, il n'y aura jamais rien de tel ; c'est l'image directrice dont nous nous efforçons d'approcher.[20]

Après avoir ainsi distingué l'état (historique) et l'idée (anhistorique) de la science, Edith Stein s'interroge de la philosophie comme science et assigne à la philosophie – au-delà du clivage traditionnel entre les forces naturelles de l'esprit et les lumières surnaturelles – un rôle fondateur :

... il y aura toujours un moment où une science particulière aura besoin de réfléchir sur ses fondements philosophiques pour être au clair sur ses tâches propres. Aucune science ne peut avancer à l'aventure – son mode d'action est prescrit par la nature de son domaine d'application. C'est pourquoi on trouve généralement aux origines des sciences, des esprits créateurs qui s'efforcent de clarifier leurs concepts de base (...). Mais une fois la méthode fondée, on a la possibilité d'apprendre et d'exercer une discipline comme un métier (...) Pour [les sciences où fait défaut cet éclaircissement préalable] viendront tôt ou tard des temps de perplexité ; il n'y a pas alors d'autre salut que de réfléchir sur les fondements propres, et d'examiner à la lumière de ces fondements, les procédés adoptés jusque-là, ainsi que leurs résultats. C'est ainsi que le grand bouleversement où se trouve la psychologie depuis le tournant du siècle dernier était inévitable à la suite de l'étonnant salto mortale *par lequel la psychologie du XIX*ème *siècle a sauté par-dessus la notion d'âme. La clarification des bases de toutes les sciences est la tâche de la philosophie. Elle doit examiner ce que les sciences particulières reçoivent comme connu et comme allant de soi de la pensée scientifique. Et là où le scientifique fait lui-même un tel travail, il agit en philosophe.(...) Et quand le monde de l'expérience, avec la plénitude de ce qu'il offre aux sens et à l'entendement, stimule l'instinct naturel de connaissance et qu'il fournit des points de vue pour l'explorer dans une direction ou dans une autre, alors la philosophie veut forcer son chemin jusqu'à l'ultime intelligible, jusqu'à l'être lui-même, jusqu'à la structure de l'étant et de la division « naturelle » de l'étant en genres et espèces, pour ainsi*

parvenir à des questionnements et des modes de recherche appropriés.[21]

C'est ce qu'on peut appeler une épistémologie fondamentale, qui ne coïncide pas fondamentalement avec une métaphysique en tant que théorie de l'être. Mais rendons la parole à Edith Stein.

L'exploration de l'être et de l'étant comme tels est la vocation de ce qu'Aristote, dans sa Métaphysique, a caractérisé comme philosophie première et qui fut pour cette raison appelé métaphysique.

Il appartient aux différents domaines de la philosophie de traiter des différents genres de l'étant, et d'ainsi donner leur fondement aux différentes sciences particulières. C'est à travers elles que se constitue à son tour le rapport entre la philosophie et les sciences particulières : si un jour le travail de la philosophie était achevé et que toutes les sciences particulières fussent édifiées sur les fondements établis par elle, nous aurions une unité de la science qui serait conforme à l'unité de l'étant. Mais cela est de nouveau un état idéal sur lequel la science des hommes garde le cap, sans jamais pouvoir l'atteindre ».[22]

« Traiter des différents genres de l'étant », qu'est-ce à dire ? Non seulement réfléchir sur le statut du genre – on y reviendra plus loin – mais s'interroger sur les structure fondamentales des étants. Et c'est ici qu'il faut rappeler qu'une science ne se caractérise pas seulement par ses contenus, mais également par ses méthodes. Or, en ce qui concerne l'ontologie comme science des étants, c'est d'une part la composition de l'étant qui dicte l'organisation du savoir et le profil de ses méthodes, mais également le caractère d'*intuition conceptuelle* de la saisie des formes, et le caractère *abstractif* du travail effectué à partir de l'expérience sensible. Vu que tout étant substantiel est constitué de matière et de forme, on distingue, quant à la science de sa constitution fondamentale, entre une ontologie formelle et une ontologie matérielle, entre l'analyse de *ce que* il est et celle de sa structure – *das feste Gerüst des Dinges.*

Les considérations d'Edith Stein sur ce point sont particulièrement explicites dans *Potenz und Akt*[23], où l'ontologie formelle apparaît comme l'analyse des « formes » les plus générales sous lesquelles un étant peut être saisi, dont certaines – comme par exemple « quelque chose » *(etwas)* – rejoignent un transcendantal scolastique tel que *aliquid,* alors que l'ontologie husserlienne parlait de catégories formelles. Ainsi, dire que l'étant est « quelque chose *(aliquid)* qui est une chose *(res)* déterminée » cerne simplement dans sa forme fondamentale ce que le latin appelle *ens*[8]. Mais alors que la chose individuelle implique une matérialité individuante, l'individualité comme telle peut être considérée comme une forme ou une détermination formelle dont le contenu matériel reste hors considération.

La catégorie la plus remarquable de l'ontologie matériale est celle des *qualia,* abstractibles de l'expérience sensible (sons et couleurs), mais dont alors le caractère « abstrait » n'est pas l'équivalent d'une « forme » – au sens d'une ontologie formelle.

C'est-à-dire qu'il faut admettre pour légitime une opération intuitive qui permet de juger et de se prononcer au sujet de telles « idées matériales ». Il faudra donc, dans un chapitre ultérieur, verser au dossier du réalisme d'Edith Stein ce dépassement de la « forme » abstractive formelle vers les transcendantaux et vers une reprise de la théorie « platonisante » des idées archétypales en Dieu.

§5. *La connaissance de Dieu*

a) La voie Dionysienne

Pour estimer l'importance du commentaire de Denys l'Aréopagite dans l'œuvre d'Edith Stein, il convient de rapprocher deux thèmes déterminants de la pensée de la philosophe carmélitaine : celui de la *connaissance* de Dieu, avec ses tenants épistémiques et ses aboutissants métaphysiques, et le celui de l'*union* à Dieu, avec l'ensemble de ses connotations spirituelles du côté de l'homme, et de ses obscurités mystériques du côté de Dieu. C'est dire que la moniale de Cologne, puis d'Echt, a dû ressentir plus d'une affinité – plus d'une *Wahlverwandschaft* – avec Denys l'Aréopagite, le grand inconnu de la théologie patristique. Trop humble pour s'égaler à saint Jean de la Croix, trop filialement liée à sainte Thérèse d'Avila, je lui imagine volontiers avec Denys une manière de familiarité plus amicale, fraternelle même, tant leur regard sur le monde et sur la révélation sont similaires : à la théorie dionysienne de la hiérarchie de l'être consonne en effet l'ontologie d'Edith Stein, à la hiérarchie angélique, sa conception d'une vie spirituelle à la fois « illuminée » et illuminatrice (que l'on peut résumer par l'idée de maternité spirituelle), et à la hiérarchie ecclésiastique correspond enfin parfaitement sa théologie de l'Eglise, de la liturgie qui s'y déploie, et donc de la symbolique qui lui sert de langage.

L'énigme historique que représentent la personne et les écrits de Denys n'intéresse pas Edith Stein. Après s'être rapidement expliquée sur ses raisons de ne pas accoler le méprisant « pseudo » au nom de Denys, Edith va aux textes : au traité sur les anges, à la théologie mystique et à ceux des passages de l'œuvre dionysienne qui permettent de se faire une idée de la « théologie symbolique », qui ne nous est pas parvenu. Comme pour le septième chapitre de *Être fini et être éternel* – le plus « angélologique » –, Edith

Stein emprunte à Albert le Grand le verset biblique par lequel elle cherche à résumer la vision dionysienne du monde dans les *Voies de la connaissance de Dieu : "Ad locum, unde exeunt flumina, revertuntur, ut iterum fluant"* (Eccl. 1, 7). Parce que Dieu est à la fois la Source d'où tout procède et la Mer où tout retourne, le mouvement de la Cause première vers ses derniers effets procède hiérarchiquement, des esprits les plus élevés et les plus proches de la source vers les esprits et les êtres les plus humbles et les plus éloignés du Principe :

Les êtres créés les plus proches de Dieu sont les anges. Ils forment une hiérarchie, c'est-à-dire une organisation par degrés d'esprits supérieurs, intermédiaires et inférieurs. Dans la Hiérarchie céleste, Denys cherche avant tout à différencier les neuf chœurs angéliques et à établir les relations que ceux-ci entretiennent entre eux.[9]

Edith Stein s'interroge d'abord sur la nature, ou l'essence, ou encore les caractéristiques générales des anges en tant que créatures spirituelles, partageant avec les hommes aussi bien l'intelligence, la volonté, la liberté que les caractéristiques spirituelles de la « personne ». Malgré la dissemblance de leur nature – exclusivement spirituelle chez les anges, spirituelle-et-corporelle chez l'homme –, une analogie est possible de l'homme à l'ange, fondée sur le fait que l'on peut déjà observer dans l'homme – qui est ni ange ni bête, et pourtant… ! – un rapport analogique entre des mouvements de « basse profondeur », comme la colère ou le désir, et des dispositions de « haute profondeur », telles que les dons de force et d'amour. C'est pourquoi l'ange se présente, et est représenté, sous une forme humaine plutôt qu'une forme animale. L'homme possède en effet un esprit et a pour vocation de dominer les éléments inférieurs de la création. Ainsi le prophète

Isaïe décrit-il les êtres célestes avec six ailes, de nombreux pieds et de multiples visages, symboles de la puissance multiforme et polyvalente des esprits supérieurs. Si bien que tout ce que l'Ecriture sainte leur attribue en fait de vêtements et d'attributs est à prendre symboliquement, comme signes de leur esprit, de leur intelligence, de leurs qualités « morales », que l'homme peut « deviner » à partir de sa propre constitution.

Ce qui conduit Edith Stein à se demander si les anges ne représentent pas une essence supérieure vers laquelle l'homme peut s'élever à partir de sa propre condition humaine. Les témoignages scripturaires ne donneraient-ils pas accès à une science de la nature angélique ? La réponse est « phénoménologiquement » positive[10], mais Edith Stein précise que cette connaissance *per analogiam* n'est pas celle que nous appelons « théologie » ou connaissance de Dieu. Car s'il faut, au sujet des anges, dépasser philosophiquement les images dans le concept, le mouvement n'est pas le même lorsqu'il s'agit de transcender « théologiquement » le symbole dans une expérience unitive. La question de la nature de la théologie selon l'Aréopagite reste donc ouverte. C'est à elle qu'est consacré tout le traité des « Voies de la connaissance de Dieu ».

Edith Stein y décrit le grandiose renversement du métaphysique au théologique, c'est-à-dire du mouvement de l'homme en quête de la nature de l'ange au mouvement inverse de la participation de l'ange à la manifestation de la Parole divine adressée à l'homme : la Révélation. Ce mouvement implique les anges en tant qu'ils participent à l'acte divin constitutif de la théologie, l'inspiration. La théologie est pour l'Aréopagite une participation à la connaissance divine que le Verbe communique aux anges et aux hommes. En ce sens, l'inspiration – comme acte – consiste à diffracter, à diffuser la lumière illuminatrice reçue du Fils, Lumière de la Lumière, qui est finalement, pour Denys comme pour Edith Stein, *le* Théologien, la Parole vivante de Dieu. Si bien que dans la pratique de la théologie – comprise comme *theou logos*, comme Parole de Dieu, comme Verbe du Père connu dans l'Incarnation par l'illumination de l'Esprit –, l'ange participe efficacement à cette diffraction de l'Unique Parole par laquelle l'homme peut parler de Dieu non selon son désir ou sa curiosité, mais selon l'inspiration divine. Dans cette fonction médiatrice, l'ange se trouve lui-même en condition de « théologien ».

Edith Stein nous place ainsi devant un contraste saisissant mais admirablement résolu : alors que l'homme remonte du monde à Dieu par la médiation des images, Dieu se manifeste à l'homme par la médiation des anges. Et au croisement de ces deux moments, le Christ, par sa nature humaine, se fait Image vivante du Père, alors même que par sa nature divine il est l'Ange par excellence – « Lui qui, dans son ascension, est monté au-dessus de tous les anges vers le trône de Dieu ». L'Ascension du Christ, du Logos ayant assumé l'homme dans son corps, son âme et son esprit, apparaît ainsi comme la « confirmation divine » de l'idée phénoménologique de dépassement : du savoir humain dans le règne des esprits, des images et représentations dans la réalité. C'est pourquoi aussi cet essai d'Edith Stein peut être considéré comme un dépassement de l'époché husserlienne. Pour saisir la réalité dans son essence il ne s'agit plus en effet d'enfermer le monde extérieur dans une radicale mise entre parenthèses, mais de le contempler dans la lumière du Verbe – *Logos* du Père et *Sens* de l'être pour Edith Stein –, devenu Icône, Image sainte, invitant ainsi l'homme au dépassement absolu vers le Royaume des Cieux. C'est ce que nous allons voir maintenant.

b) Nature et grâce dans la connaissance de Dieu

Les réponses apportées au problème classique des voies de la connaissance de Dieu mettent toutes plus ou moins l'accent soit sur la capacité naturelle de l'homme de connaître Dieu, soit sur sa radicale incapacité, et donc sur la non moins radicale nécessité de la grâce. Saint Thomas d'Aquin, et l'Eglise avec lui, reconnaît à la droite raison naturelle la capacité de connaître Dieu, ne serait-ce qu'en tant qu'Origine de toute chose. Denys admet également que la raison naturelle puisse concevoir une idée de Dieu. C'est ce que prouve sa distinction entre théologie (c'est-à-dire « discours sur le divin ») philosophique et théologie symbolique, ses réflexions sur la réalité des « Noms divins », et surtout son constat que même les hérétiques et les adeptes de cultes divers ont une idée de Dieu.

Cette capacité « naturelle » de l'intelligence n'est pas sans analogie avec la théologie symbolique de Denys, où raison et révélation se présentent comme les deux éléments indissociables d'une authentique connaissance de Dieu. Edith Stein démontre en effet que si dans tout le Corpus dionysien, c'est l'Ecriture sainte qui conduit à Dieu, l'intelligence de cette Ecriture exige une interprétation qui elle-même requiert le « service » de la raison naturelle, ou le support de l'environnement culturel – par exemple celui de la philosophie néo-platonicienne dont Denys avait connaissance. C'est là que la théologie symbolique fait intervenir la nature en un sens nouveau, où l'expérience du monde fournit les images nécessaires non seulement à l'expression du divin mais aussi à l'union avec le divin. Mais un problème demeure : pour interpréter les images de la théologie symbolique, ou pour utiliser les mots de l'expérience ordinaire en les référant à Dieu, dans les deux cas ne faut-il pas avoir une certaine précompréhension – naturelle ou gracieuse – de ce qui est entendu par « Dieu » ?

Edith Stein propose une réponse nuancée mais ferme : de même que la révélation scripturaire comprend des éléments que la raison peut à elle seule saisir – notamment en matière d'ordre social et de morale –, ainsi la théologie symbolique s'appuie-t-elle sur l'expérience du monde sensible pour dire quelque chose de Dieu en vérité. D'une manière similaire, et il faut ici remarquer la cohérence du propos d'Edith Stein, l'idée ou la représentation que le croyant a de Dieu sera vide et abstraite aussi longtemps que celui-ci n'aura pas une expérience de Dieu, « surtout lorsque une imagination excessive tente de remédier à ce manque de réalité ». Création et Révélation sont ainsi comme l'avers et le revers d'un même Logos, les deux éléments d'un même Symbole. Dans cette perspective théologique, Créateur et créature, nature et surnature étaient appelées dès l'origine à se réunir dans une union sans confusion dans la Personne du Christ, et l'on comprend qu'Edith Stein ait donné sa préférence à Duns Scot plutôt qu'à saint Thomas dans la question des motifs de l'incarnation. Une perspective qui n'« exige » pas la surnature, mais fait de celle-ci la clef du sens de la nature. Sa garantie aussi contre toute déviation et perversion. Conformément à toute l'anthropologie steinienne, c'est dans le mauvais usage de sa liberté que la personne risque de passer au-dessous du seuil du « naturel » :

Ce n'est plus une élévation au-dessus de la nature pour dépasser le monde visible qu'il faudrait, mais une descente au-dessous de la nature pour ne plus comprendre le langage qui signifie « au-delà » du monde visible.

*L'*insipiens *du Psaume, celui qui refuse délibérément de croire ne rejette pas seulement les dogmes d'une religion révélée, mais également les « signes » qu'il pourrait reconnaître dans l'expérience naturelle. S'il est possible de s'abstenir de l'expérience du monde sensible et de se* *fermer à la question de l'existence réelle des choses visibles, cette possibilité est encore plus actuelle à l'endroit de ces « signes », qui ne peuvent jamais trouver à s'accomplir à l'intérieur de l'expérience naturelle. Exercée avec constance, cette « suspension » devenue habituelle peut conduire à un état de « cécité » dans lequel ces signes indicateurs ne sont plus du tout perçus. L'aveugle ne voit effectivement plus au delà de ce « monde-ci », et il ne peut plus croire ce qu'on lui dit sur ce « monde au delà ». La preuve que ce monde existe n'a plus de force pour lui, et il ne peut plus comprendre les mots qui lui en donnent connaissance. Le langage de la « théologie symbolique » ne parle plus à son intelligence.*

A l'inverse, nous avons dans l'expérience « normale », complète, quelque chose qui permet de comprendre les preuves de l'existence de Dieu et de recevoir une foi révélée, et qui donne accès à la « théologie symbolique ».[11]

Chapitre II

UNE PHILOSOPHIE DE LA RÉALITÉ IDÉALE

On se tromperait lourdement si l'on admettait qu'à la conversion religieuse d'Edith Stein correspondait une « conversion » philosophique de l'idéalisme husserlien au réalisme thomiste. Ce que l'on peut dire sans trop se tromper, c'est que déjà à Göttingen et plus tard à Freiburg, elle se rangea du côté des phénoménologues qui résistèrent à l'inflexion du Maître vers un idéalisme transcendantal. C'est notamment sur la question de la « constitution » du monde par la conscience qui fut la plus âprement discutée. Mais par la suite, ce n'est plus seulement la réalité du monde physique qui s'imposait comme une grandeur indépendante de l'esprit ; une véritable théorie de l'être, une ontologie, vint décrire la structure de la réalité toute entière : le monde physique, le monde des esprits créés, le monde des Idées transcendantes et le monde Dieu.

C'est là, évidemment qu'intervient l'instrumentation scolastique, à savoir l'utilisation des grands couples de concepts hérités d'Aristote et de saint Thomas : matière/forme, acte/puissance, essence/existence, sans compter le passage, des plus important, de l'ordre catégorial à l'ordre transcendantal et un usage judicieux et original de l'analogie.

Je proposerai ici, devant l'ampleur et la difficulté de cette problématique, de suivre un parcours qui a pour thème l'*essence*, car cette notion appartient tant à la phénoménologie qu'à la scolastique et permet de voir comment l'essentialisme d'Edith Stein – l'expression est d'Erich Przywara – évolue vers un réalisme toujours plus spiritualisé.

1. De l'essence

L'essence *(Wesen, Wesenheit)* héritée de la phénoménologie est issue de la réduction des choses à ce qui en est la pure intelligibilité et à ce qui, en tant que noème, est le corrélat d'une noèse caractérisée comme vision ou intuition d'essence *(Wesensschau)*. C'est d'une certaine manière l'Idée platonicienne, mais réinterprétée comme « phénomène », donc comme ce qui apparaît à la conscience et qui définit la conscience comme capacité de l'inaltérable – que ce soient des entités mathématiques, juridiques ou autres. En ce sens l'essence est un *possible*, ou plus exactement, il n'est pas nécessaire qu'elle soit réalisée pour être saisie dans ce qui la constitue, mais elle peut se réaliser et devenir un *quid essentiel*, un *Wesenswas*, l'essence de quelque chose, une forme par elle-même vide remplie et réalisée.

Un exemple classique est celui de la joie dans *Endliches und ewiges Sein* :

Ma joie – la joie que je ressens à l'instant – paraît et disparaît : la joie comme telle ne paraît ni ne disparaît. Il y a encore ici autre chose à distinguer. Je peux prendre la joie précisément comme je la vis : le quid plein et entier de mon expérience : il suffit pour cela que ce soit la joie de la réussite du travail, que ce soit une joie qui vienne du cœur reconnaissant, etc... Ou bien je peux prendre la joie comme telle. Pour elle, peu importe de quoi je me réjouis, de quelle nature est la joie, si elle est longue ou brève, et si elle est mienne ou celle d'un autre. Nous rencontrons ici une de ces structures que Platon a en vue avec ses idées (idea, eidos)...

Il existe maintes expériences de la joie : différentes en raison du moi qui la vit, de son objet, de sa détermination et sa durée temporelles, et bien d'autres choses encore. L'essenceté joie est une. Elle n'est pas mienne ou tienne, elle n'est pas maintenant ou plus tard, elle n'a pas de durée. Elle n'a aucune existence dans l'espace et le temps. Mais en quelque lieu et à quelque moment que la joie soit vécue, l'essenceté joie y est réalisée.[12]

L'expérience elle-même est un donné existentiel, non la joie, non le contenu et le sens de cette expérience. C'est le *fait* de la joie qui est l'objet d'expérience, qui est réalisé dans l'expérience et que je peux reproduire par la pensée, par le souvenir. L'essence « joie » demeure, mais l'expérience passe ; la joie est continuellement en puissance d'être actualisée. « Se réjouir » est le sens de l'expérience de la joie, c'est-à-dire l'« objet » de la contemplation de l'essence « joie ».

Cet exemple montre comment la théorie de l'essence est associée à l'analyse d'une expérience, du vécu d'un sujet vivant, et comment la joie est alors *ma* joie. Dans ce dernier stade de la pensée d'Edith Stein, le sujet a changé de statut : de transcendantal il est devenu réel – le sujet d'une expérience vécue – et personnel : il s'agit de la joie que j'éprouve moi. C'est pourtant bien la conception phénoménologique de l'essence qui continue à prévaloir ici, mais telle qu'elle appelle une remarques tout à fait fondamentale : L'être essentiel *(wesenhaftes Sein)* n'est pas un stade préalable de l'être, puisqu'il est déjà entièrement ce qu'il est, mais il n'est pas efficace. L'essenceté « joie » n'anime pas, l'essenceté « lumière » ne luit pas[13]. Au point qu'Edith Stein ne craint pas d'écrire :

Les essencetés apparaissent, comparées aux choses réelles et à leurs essences réelles, comme des entités pâles et sans force, au point que nous sommes plutôt enclins à les considérés comme des non-réalités que comme des proto-réalités (eher als un-*wirklich denn als* ur-*wirklich).*[14]

La version véritablement réaliste de l'essence s'établit tant avec la réflexion sur la notion proprement aristotélicienne de l'*ousia*, qu'avec l'analyse plus spécifiquement thomiste sur l'idéalité des genres et des espèces confrontées à la matérialité des individus. (Notons de suite que, lorsqu'il s'agira des personnes, Edith Stein n'acceptera plus de voir dans la matière le principe d'individuation, la vérité de l'Individu résidant dans le Moi qui transcende toute composition en matière et forme ou en acte et puissance.)

Les genres et espèces semblent avoir, dans leurs lois de connexion, un mode d'être particulier. Nous les avons appelés des « objets idéaux »... Ce mode d'être manifeste d'une part une orientation vers l'être des individus, laisser dissoudre dans lesquels les genres et espèces se particularisent sans pourtant laisser dissoudre dans l'« être dans » les individus. D'autre part il manifeste une parenté, voire une appartenance à l'être divin...

Ce qui permet de mettre les objets idéaux avec l'être divin, c'est l'intemporalité, l'éternité de leur être. Il n'y a pas lieu de considérer les nombres, les couleurs, les formes géométriques comme ayant paru dans le temps, comme des choses créées à l'image du ciel et de la terre, des plantes et des animaux et des hommes. Certes : avant la création du monde il ne pouvait pas y avoir « dans le monde » des couleurs et des sons. Mais la couleur en soi... et le son en soi ont un être qui ne coïncide pas avec leur présence dans le monde.[15]

Ce passage montre très clairement comment Edith Stein tient à conserver aux objets idéaux que sont les formes et les essences un statut ontologique particulier. C'est ce qu'on peut appeler la rémanence du platonisme dans une philosophie qui, par ailleurs, doit beaucoup à Aristote. C'est que veut montrer le traitement de l'essence, d'abord comme *ousia*, puis, selon la tradition scolastique, comme *essentia* ; non plus dans *Potenz und Akt* mais dans *Endliches und ewiges Sein*.

Ousia*, au sens le plus stricte et le plus propre, qui au fond préoccupe Aristote est la substance, c'est à dire un être réel qui repose sur lui-même, qui comprend et qui déploie sa propre nature.* Essentia *est l'essence (Wesen) en tant que détermination insuppressible de son être, fondatrice de ce qu'est cet étant. Chez les êtres matériels étendus dans l'espace cela s'enracine dans la forme essentielle formatrice de la matière : s'il s'agit de simples composés de matière (Stoffgebilde) on ne peut séparer la forme et la matière : l'essence est la matérialité constituée et formée d'une certaine façon, la matière a toujours une forme déterminée et n'est pas pensable sans forme. Chez les vivants, la forme et la matière se séparent. La forme est forme vivante ou âme. Elle a la puissance de former et d'animer le tout d'une manière particulière. Son être est la vie et la vie est une formation continue de la matière, et ainsi une réalisation progressive de l'essence, qui consiste dans la formation spécifique de la matière.*

Les choses matérielles – inanimées ou animées – n'épuisent pas ce qui est signifié par ousia. *Il y a aussi des étants indépendants et autonomes dans le domaine de l'esprit. Ce qui été dit sur le premier étant montre clairement que le nom de* ousia *lui revient, au sens le plus fort et le plus propre du terme, car il a un « privilège d'être » devant tout ce qui est fini. Mais pour pouvoir dire quelque chose sur l'esprit infini et des esprits finis par opposition aux choses matérielles, il nous faudrait établir plus clairement ce qu'on entend par esprit.*[16]

C'est finalement l'objet de toute la philosophie d'Edith Stein au-delà, pourrait-on dire, de ses considérations sur le monde physique – à strictement parler : dans sa *métaphysique.*

Mais restons pour l'instant dans ce qui, en tant que réalité substantielle, est fixé dans le rapport entre matière et forme – qui occupe une centaine de pages de *Endliches und ewiges Sein* – et qui manifeste dans son devenir le jeu de la puissance et de l'acte.

Dans un passage surprenant de *Potenz und Akt* (II, § 3), Edith Stein fait autour de l'idée de substance un rapprochement étonnant entre catégorie et transcendantaux, et montre que si dans la tradition thomiste on a séparé l'ordre catégorial et l'ordre transcendantal, ce fut pour placer l'étant *avant* toute séparation entre substance et accidents. Il lui semble pourtant justifié de considérer les formes fondamentales [*ens, res, aliquid*] de l' « être quelque chose », dégagées par l'ontologie formelle[17] et de nature transcendantale, comme coïncidant avec la substance considérée dans sa simplicité [*unum*], alors que les substances composées relèveraient d'une analyse catégoriale en terme de substance et d'accidents.

La substance serait donc, au sens le plus fort, ce qui dans l'unité d'un être lui vaut de résider en lui-même, d'être véritablement un être con-*sistant* et sub-*sistant* en soi, un étant qui *« west »*[18]. *Wesen* est en allemand à la fois un substantif et un verbe, chargé du sens d'un verbe d'état, proche de *sein*, mais marqué d'une insistance sur une manière de permanence fermée sur soi. Or, c'est bien sous la forme du *Lebewesen*, du vivant, que le *Wesen* – à la fois étant, substance et vivant – manifeste sa plus intense réalité. La réalité est alors inséparable de la vie ; c'est déjà la joie vécue qui nous apparut comme une joie réelle ou réalisée. Mais elle n'est pas séparable non plus d'une tendance fondamentale vers un « repos » qui n'est autre que l'acte dans lequel se réalise ce qui est en puissance.

C'est ici lieu d'évoquer une considération moins développée sur l'*entéléchie* comme principe du développement d'un organisme vivant vers une fin, mais curieusement déconnecté de la notion correspondante d'*energeia*, qui demeure en quelque sorte inscrite dans la forme en sa qualité performante.

On rejoint la réalité de l'esprit – et non plus seulement de la vie – au moment où les trois déterminations transcendantales du « quelque chose » *(Etwas)*, du « ce que » *(Was)* et de l'être *(Sein)*, dégagées par l'ontologie formelle au sujet du monde matériel, sont reportées sur le monde de l'esprit sous le vocable étonnant de l'*hypostase.* On découvre alors les modalités fondamentales de l'être-par-soi-et-pour-soi, de l'*ens a se* et de l'*ens ab alio* qui séparent l'incréé du créé. Puis : « Par la relation de l'exister-par-soi-même, l'hypostase se définit comme *personne*, comme l'unique personne infinie et comme la multiplicité des personnes finies possibles.»[19] Et plus loin : « Le mode d'être le plus élevé (des personnes) est la vie actuelle, consciente qui est en même temps l'activité libre. En tant qu'immuable, elle est l'être absolu »[20] ; en tant qu'active, elle est créatrice, efficiente (en allemand *wirksam)* et par là-même *wirklich*, réelle.

De la forme à la substance, de la substance à la subsistance, on est conduit à la réalité de la personne, esprit et vie en acte ; et des transcendantaux on remonte à la Transcendance du plus Réel, du Principe de toute réalité.

Cette théorie des essences se présente nécessairement comme un système ordonné qu'Edith Stein décrit de la manière suivante :

Le monde de l'être essentiel doit être pensé comme un domaine de degrés. Au sommet se trouvent les essencetés, simples et archétypales. Les traits essentiels des choses composées, que nous appelons le quid d'essence (Wesenwas) (...) en sont les essences. Les essences et quiddités présentent un dégradé selon la plus ou moins grande généralité. On sera tenté de voir l'échelon le plus bas dans les quiddités individuelles. Mais il faut aussi faire entrer dans ce domaine le « quid plénier » des choses, dans la mesure où lui aussi est un être double : l'être dans les objets, qui est devenir et passager, et l'être, à distinguer du premier, comme quid pur (reines was), exempt des vicissitudes du devenir et du passage. Selon leur « être essentiel », les formations des différents échelons sont séparées les unes des autres et reliées les unes aux autres seulement sur le mode de la supériorité, de la subordination et de la contiguïté. Mais selon leur être réel, les essences et essencetés de degré supérieur sont dans les êtres (idéaux) de degré inférieur et finalement dans les êtres individuels et les choses correspondantes, avec leur quid plénier.[21]

L'archétype – « forme » des essences – repose en soi, intemporel, immuable et immobile. L'essence peut être qualifiée de « potentielle » vis-à-vis de la *pleine* réalité des êtres substantiels, mais elle participe cependant de cette « actualité » immuable de l'archétype, car elle possède une idéalité de *nécessité*, qui doit être opposée à la contingence du réel-temporel. Le monde des essences se complexifient à mesure que celles-ci s'éloignent de leur source originaire et informent des essences « inférieures ».

Pour Edith Stein, chacun des degrés de l'ordre de l'être se situe par rapport au degré inférieur comme l'archétype par rapport à ses « copies ». Mais la pleine signification de cet essentialisme n'apparaît qu'à la lumière d'une théologie de la Création. Le monde des archétypes et des essences *est*, mais il n'est ni *par soi*, ni maître de sa *réalisation.* Après avoir reçu l'être, les essences, pour être actualisées *in re*, demandent un réceptacle, un support – matière, esprit ou valeur –, ce que seul un acte d'instauration du *réel* permet. Mais si l'être est donné à toutes les créatures *selon* leur essence, le sens de ce don ne peut être compris que d'Esprit à esprit, car dans la création, affirme Edith Stein, « l'Esprit créateur parle à l'esprit créé ». Ce qui implique que l'étant, pour « faire sens », se présente à l'esprit nécessairement sous deux modalités différentes mais inséparables : comme *image* d'un archétype et comme *signe* de la réalité telle qu'elle est « en essence », et donc en vérité. On retrouve ici une définition du « Sinn-Bild », du symbole, qu'Edith Stein situe – nous l'avons vu à propos de Denys – à l'intérieur de l'ordre du logos. Ce *logos* qu'elle interprète, en philosophe chrétienne, comme Christ-logos : *archétype* de l'humanité et *sens* de tout l'univers, et en qui les deux théories des formes chez Platon et Aristote trouvent à la fois leur équilibre et leur achèvement :

Entre la forme archétypale (platonicienne) et la forme d'essence (aristotélicienne) doit exister un rapport particulier, très fort et très proche. Ce qui n'est pas satisfaisant dans la théorie des formes chez Platon et Aristote me semble provenir d'une interprétation unilatérale. Et dans les deux cas je l'attribuerai au fait que la pensée de la Création, de sa continuation dans la conservation et la direction, par Dieu, du monde créé, était étrangère à Aristote et Platon[22].

2. Vers le sens de l'être[23]

La phénoménologie se présente comme une *Wesensschau*, une « vision », orientée vers l'essence des choses : institutions, œuvres et personnes. Ce regard noétique, quand il est rigoureusement exercé, s'élève progressivement jusqu'aux questions ontologiques sur l'être et l'ordre de l'être, sans que la personne ne soit jamais perdue de vue. Le problème de l'essence (*Wesen*) détermine de deux façons le « personnalisme » d'Edith Stein, comme E. Przywara l'a bien vu. Premièrement, la contemplation de l'essence n'est possible qu'à un *esprit* – donc une à personne –, ce qui implique que dans l'acte de vision d'essence le regard soit dirigé non seulement sur *ce qui* est contemplé, mais aussi sur *celui qui* contemple. Deuxièmement : le domaine du sens n'est accessible qu'à la condition de prendre en considération la question de la vérité, en tant que valeur noétique spirituelle. Personne, essence et sens sont donc intimement entrelacés dans la théorie de la connaissance d'Edith Stein. Explorer les ultimes fondations de sa philosophie de la personne exige de prendre en compte sa théorie de l'essence et ses prolongements dans une théorie des transcendantaux, sans négliger les difficultés qui surgissent au moment d'utiliser la pensée aristotélico-thomiste dans une problématique moderne.

Edith Stein retient pour l'essentiel la leçon thomiste traditionnelle des transcendantaux comme déterminations universelles et supra-catégoriales de l'être, mais elle en traite comme d'un intermédiaire entre l'ordre qui structure les choses et le sens qui gouverne le monde : le sens de l'être. A ce sujet, un texte qui mérite commentaire :

Ce que nous avons dit sur le sens du bien et du beau peut nous servir de guide dans la question de savoir comment faire coïncider la multiplicité des êtres et l'unité de l'être, l'être propre de chaque étant et l'être un. Si chaque étant a pour d'autres étants la signification d'un donateur de perfection, et si chacun est construit selon une loi de structuration qui s'inscrit dans un ordre général, cela signifie que l'étant forme un tout ordonné, donc est un : l'étant, dont toutes les unités-de-sens, intelligibles comme fermées sur elles-mêmes, sont à considérer comme ses parties. L'être un est l'être de ce tout, duquel « participent » toutes les parties.[24]

On notera d'abord qu'il n'est ici question que du bien et du beau, c'est-à-dire des transcendantaux qui, au sens le plus précis, sont des transcendantaux de valeur. Ceux-ci se distinguent – dans l'analyse d'Edith Stein – des transcendantaux dont il a déjà été question dans le commentaire sur l'ontologie formelle *(ens, res, unum, aliquid)*, et l'on peut dire que le transcendantal de la *vérité* établit une relation tout à fait remarquable entre ces transcendantaux proprement ontologiques et, d'une certaine manière encore catégoriaux, et les transcendantaux axiologique.

Mais dans l'ensemble les transcendantaux semblent indiquer, dans le tout de l'être, un ordre qui n'est pas seulement un ordre de structuration, mais un ordre de participation, qui relève donc à son tour d'une réflexion métaphysique fondamentale sur le rapport entre l'un et le multiple.

D'autre part, le passage aux transcendantaux de valeur que sont proprement le bien, objet parfait du désir, et le beau conduit à penser l'ordre de l'être non plus seulement comme un ordre vrai, donc intelligible, mais comme un ordre désirable, sollicitant l'esprit selon d'autres ressources que la seule intelligence. L'esprit tout entier est ouvert à l'être et les « formes » elles-mêmes sont projetées dans une dimension d'éternité :

L'ensemble du monde créé renvoie aux archétypes, éternels et incréés, de tout le créé, aux essencialités ou formes pures, dans lesquelles nous avons reconnu les Idées divines. Dans leur être essentiel est fondé tout l'être réel qui devient et qui passe. Sur leur immuabilité reposent toute régularité et tout ordre du monde en continuel mutation.[25]

Par le biais de Brentano, la phénoménologie de Husserl ne s'est pas développée sans lien avec l'héritage scolastique. La proximité de certains points de vue avait déjà attiré l'attention des critiques de l'époque. Le fait qu'après sa conversion et sa découverte de Thomas d'Aquin, Edith Stein ait entrepris de confronter et distinguer phénoménologie et scolastique dans l'article des *Annales* de 1929 sur Husserl et Thomas est significatif à cet égard. De même dans « La montée vers le sens de l'être » – sous-titre de *Être fini et être éternel* –, où en désignant les deux voies d'accès à l'Être comme la voie aristotélicienne et la voie augustinienne, elle manifeste sa volonté de rassembler dans une ontologie « chrétienne » le sens comme ordre essentiel, et la personne comme esprit vivant.

Mais l'ontologie d'Edith Stein est aussi une réponse à Martin Heidegger – cela non plus n'a pas échappé aux lecteurs avertis. L'orientation fondamentale de son ontologie de l'existant comme *être-créé* contrecarre la « déréliction » (*Geworfenheit*) heideggerienne, en même temps qu'elle définit la signification ultime de l'expression « sens de l'être » (*Sinn von Sein*). A l'affirmation catégorique de Heidegger selon laquelle la finitude de l'existence ne doit pas être interprétée comme « créaturalité » :

Quand bien même l'impossible serait possible : démontrer rationnellement une créaturalité de l'homme, la caractérisation de l'homme comme un ens creatum *ne ferait que manifester à nouveau le fait de sa finitude, mais on n'en connaîtrait pas pour autant l'essence, ni cette essence ne serait définie comme la constitution fondamentale de l'être de l'homme »*[26], Edith Stein répond de façon catégorique :

Nous sommes convaincus, avec la tradition, que « l'impossible est possible », c'est-à-dire que la créaturalité peut être démontrée rationnellement – non, certes, la nature particulière de la création (...) mais la nécessité de ne pas être per se et a se, mais ab alio, qui résulte de ce que l'homme est quelque chose, et non pas tout. Or n'est-ce pas précisément le sens propre de la finitude ? Heidegger y touche quand à la fin il soulève la question : « Est-ce que la finitude dans l'existence se laisse appréhender ne serait-ce que comme problème sans une infinitude présupposée ? » En posant ces questions, il a précisément en vue ce qui, en tant qu'intelligence préontologique de l'être, a donné but et orientation à nos efforts pour atteindre au sens de l'étant sur le chemin déjà parcouru but et orientation : la finitude ne se laisse saisir qu'en contraste avec l'infinitude, c'est-à-dire avec l'éternelle plénitude de l'être. L'intelligence de l'être d'un esprit fini est comme telle toujours irruption hors du fini vers l'éternel.[27]

Plus généralement, on peut dire que la critique qu'Edith Stein adresse à Martin Heidegger – auquel elle reconnaît une incroyable force et une immense influence sur la vie philosophique – tourne autour de trois questions fondamentales : L'analyse de l'existence est-elle conforme à la réalité de l'homme vivant et mourant ? Le sens de l'être se résume-t-il à la finitude de l'existence, donc au temps ? La question du sens est-elle identique à celle de la connaissance ?

Autrement dit : l'ontologie se réduit-elle à l'herméneutique ? Pour Edith Stein, il y va finalement de la « personne » ; de l'Etre infini, éternel sans lequel aucun être fini, temporel ne peut être pensé ; du sens, qui ne dépend pas d'une capacité humaine de questionner et de comprendre le sens comme « Logos » ou « Etre en personne ».

Ni l'ordre de la totalité – comme légalité de la nature, comme ordre transcendantal pour un esprit –, ni la plénitude d'être de l'étant comme tel n'y suffisent. Pour pouvoir aller plus avant, il faut passer de l'étant au vivant, et de l'expérience extérieure du monde à l'expérience de soi de l'homme comme vivant :

Le sens s'est révélé comme la loi qui régit ce flux (des expériences) et qui repose en elle-même. Mais les « unités de sens » reposent-elles vraiment en « elles-mêmes » ? L'être que nous leur attribuons est-il vraiment leur sens ? Lorsqu'une unité de vécu devient réelle en moi, alors je le suppôt de l'être qui m'est offert, et c'est par l'être qui m'est offert que cette unité de vécu devient réelle. Mais ce n'est pas le sens qui la configure qui me fait don de l'être ; avec l'être, c'est ce sens qui m'est donné et c'est lui que me donne forme. Ce qui me donne l'être, et qui, par là-même, emplit de sens cet être, ne doit pas être seulement le maître de l'être, mais aussi du sens : dans l'Etre éternel est contenue toute plénitude de sens, il ne peut « puiser » à une autre source qu'en Lui-même le sens dont toute créature est emplie en étant appelée à l'existence. L'être des essencetés et des quiddités ne doit donc pas être pensé comme ayant une existence propre à côté de l'Etre éternel. C'est l'Etre éternel lui-même qui façonne en lui-même – non pas dans un processus temporel – les formes éternelles d'après lesquelles il crée le monde dans le temps et avec le temps. Cela sonne comme une énigme, et cependant c'est familier et ancien : « En archè èn ho logos » : c'est la réponse de la Sagesse éternelle à l'interrogation du philosophe.[28]

Voilà qui compte parmi ce qu'Edith Stein a écrit de plus beau et de plus profond. A partir de là beaucoup d'aspects obscurs deviennent intelligibles. Dans *Être fini et être éternel*, l'ontologie se subdivise en quatre parties. La première partie (ch. II et III) traite de l'essence dans la perspective du couple acte-puissance. La deuxième (ch. IV) traite de l'essence en rapport avec la forme et la matière. La troisième (ch. V) traite de l'être comme étant, et la quatrième (ch. VI-VIII) du sens de l'être. Mais si l'on prend la thématique du sens pour elle-même, et qu'on l'extrait de ce contexte quelque peu déconcertant, on voit comment la question du sens d'abord conçue dans son idéalité[29], s'élargit organiquement et introduit toujours plus nettement le divin. D'abord comme « logos récapitulatif », ensuite comme le « Je suis » divin, qui promet à l'homme comme personne une analogie porteuse de sens ; ensuite l'image de la Trinité dans les esprits créés, et enfin la vocation du vivant individuel à la vie éternelle.

Mais si le *sens* n'est jamais complètement inaccessible à la connaissance, cela signifie que Dieu est désigné par le concept obscur d' « être en personne » : comme source de tout être et symbole de tout sens. C'est en Dieu seul qu'être et sens sont totalement unis. Mais pour l'homme, le sens est ce qu'il y a de plus haut, parce que comme être moral – comme personne – il est appelé à la vie et à la vie d'amour.

3. Vers une analogie de l'Idée

L'ontologie d'Edith Stein se caractérise par de minutieuses analyses qui visent à dégager un étagement de strates qui mettent largement en jeu les couples matière/forme, essence/existence et acte/puissance.

Ramené aux thèmes porteurs, on peut caractériser un chose donc *ein Wesen*, comme composé de matière et de forme, ce que la scolastique *appelle* une substance. Or *Wesen* signifie cette réalité en tant que concrètement réelle, dotés d'existence, et comme porteuse d'une forme distincte de la matière de cette chose. Or « forme » dit à la fois *ce que* cette chose est, ce qu'on peut en connaître et ce qui identifie cette chose aux êtres de même nature. Mais cette forme a une « réalité » propre, essentiale. Il faut donc distinguer entre une réalité d'existence et une réalité d'essence qui porte souvent l'attribut de pur /*rein*. Ce qui permet de comprendre ce passage de « Etre fini et être éternel » :

« Nous avons précédemment utilisé l'expression 'être essential' (wesenhaftes Sein) pour l'être des essentialités. (...) Pour les essentialités, leur seul être est l'être essential. Quant à l'essence formelle (Wesen) elle peut avoir réalité dans ses objets (Gegenstand), et la relation aux objets dont elle détermine ce qu'ils sont repose dans leur être pré-réel. A ce double être [être une essencialité et être la forme d'une chose réelle] correspond la position médiatrice des formes entre les essences [pures] et le monde réel. »[30]

Retenons cette position intermédiaire de la forme entre l'essence pure et les choses réelles, mais dégageons des formes informantes les essencialités pures, que notre auteur met en relation avec le monde des Idées de Platon, dotées d'un caractère d'exemplarité. Et c'est cette réalité idéale ou la réalité (non substantielle) des Idées qui caractérise le « réalisme idéel » d'Edith Stein, sur lequel elle fonde toute sa philosophie de la personne.

Il faut insister sur ce caractère d'exemplarité de l'idée pour découvrir l'analogie des idées sur laquelle j'insiste. Il ne suffit pas, en effet, de revenir sur le couple Urbild/Abbild, soit modèle et image, relatif à la création « à l'image de... ». Dans une note relative à un ouvrage consacré à l'Amour selon Platon et la tradition chrétienne, Edith Stein souligne : « Il [H. Scholz] définit rigoureusement ce qu'est une idée platonicienne, mais il procède comme s'il n'y avait pas d'idées au sens des essentialités. Il n'est alors pas possible de mesurer les différents concepts de l'amour (...) à l' « *idée* de l'Amour » comme à leur fondement objectif. »[31]

Ici l'exemplarité de l'idée de l'Amour, et en général l'exemplarité des essentialités ou des Idées, est à relier à la con*form*ation : comme matérielle, la chose est conforme à sa forme ; *de même*, l'âme humaine est conformée à l'amour divin – de « forme » trinitaire comme le formule notre auteur à la suite de saint Augustin. Or cette analogie n'est possible que si effectivement on a précédemment accédée *philosophiquement* à ce sommet de la hiérarchie des modes d'être qu'est l'essentialité ou l'Idée.

Chapitre III

DE LA NATURE

A la différence de son amie et marraine Hedwig Conrad-Martius, Edith Stein n'a pas réservé dans son œuvre une place prépondérante au thème de la nature. On le rencontre d'abord dans un contexte épistémique où la nature est envisagée, comme on a pu le voir plus haut, d'un point de vue philosophique et scientifique, comme la réalité du monde dans sa « massivité » spatio-temporelle, comme réseau de relations causales.

On le trouve ensuite développé dans une perspective ontologique qu'Edith Stein renouvelle en s'appliquant à déterminer les structures essentielles dans les êtres naturels, inertes ou vivants, les rapports entre forme et matière, entre âme et vie, ce qui la conduit à reconnaître des degrés d'être et d'autonomie dans la nature.

Enfin, troisième aspect, Edith Stein s'engage dans une « théologie de la nature », ou, plus exactement, applique la « méthode théologique » à la nature, sous la forme d'une surprenante analogie entre la Trinité créatrice et la créature tripartite.

Ces trois étapes de la réflexion d'Edith Stein sur la nature sont également bien circonscrites dans le temps : l'épistémologie de l'*Einführung in die Philosophie* correspond à la phase phénoménologique des années 20 et se ressent fortement de l'influence kantienne ; le parcours ontologique reflète le souci des années 30 de conjoindre phénoménologie et scolastique – souci qui gouverne *Potenz und Akt* et *Endliches und ewiges Sein* ; enfin la théologie – augustinienne et dionysienne – devient pour la moniale du Carmel le support épistémologique de toute connaissance.

Franche de toute influence rousseauiste, ou de préoccupation écologiste avant le temps, Edith Stein veut avant tout placer le thème de la nature devant deux confrontations : celle des sciences naturelles et celle de la dimension « physique » de l'homme.

Rappelons simplement que les contributions d'Edith Stein à une réflexion sur les sciences naturelles sont de loin moins importantes que celles qui concernent les sciences humaines.

Considérant la dimension *physique* et physiologique de l'homme, Edith Stein se livre à l'analyse suivante :

L'anatomie et la physiologie correspondent à deux aspects du corps : le « *Körper* » ou corps matériel, ou mécanique, et le « *Leib* » ou corps organique dont la matérialité, par l'effet de la vie, transcende vers le psychique. La psychologie, de par ses liens à la physiologie appartient encore au domaine de la nature ; mais tout en étant une science « humaine », et non une science « naturelle », elle n'est pas une authentique « science de l'esprit » (*Geisteswissenschaft*). On réalise dès lors que le concept de « nature » connaît deux contraires très différents : l'esprit et la grâce. (Cette dualité de sens se retrouve dans le partage sémantique entre le terme allemand *geistig*, qui renvoie aux facultés supérieures de l'esprit, et le mot français *spirituel*, qui a une connotation proprement religieuse et surnaturelle).

La division en sciences de la nature et sciences de la subjectivité – si caractéristique de l'*Einführung in die Philosophie* – situe bien la nature dans une acception post-cartésienne, la dualité « étendue/pensée » se déplaçant de l'ordre de la substance (chez Descartes) à celui du savoir. Quant à la Nature prise en elle-même, l'*Einführung in die Philosophie* l'envisage d'abord dans sa phénoménalité, dans sa manifestation en tant qu'elle peut être « décrite », certes pas comme un paysage que l'on dépeindrait, mais dans ses traits essentiels. Ce regard « contemplatif » est premier. Il se déploie avant même que ne s'opère le retour réflexif de la conscience sur son « expérience » de la pure nature, donc sur la relation entre la conscience visant cette nature et la conscience que le sujet a de soi-même comme support de cette expérience.

Pour Edith Stein, cette expérience « fondamentale » est précisément le fondement sur lequel repose nécessairement toute « rationalisation » scientifique de la nature :

La nature est un tout homogène d'unité de choses distinctes et en mutuelle relation, ou chacune est soumise à l'influence de l'autre, c'est-à-dire se situe dans un ensemble de relations causales, se forme et se défait selon un schéma caractéristique pour elle, se meut se transforme ; cette connexion d'événements témoigne de l'être permanent qui la fonde.[32]

Pratiquée selon la méthode phénoménologique, la philosophie de la nature a pour tâche d'analyser la structure des éléments constitutifs de cette « nature », ainsi que la nature du rapport qui relie l'unité de chaque chose avec le tout. Cette analyse requiert l'usage de catégories maîtresses, comme celles de la causalité, de la substance dont la « matérialité » ouvre l'analyse philosophique de la nature à la dimension « essentielle » du temps et de l'espace. Cette considération première, ce regard phénoménologique, consiste ainsi à voir ce qui apparaît selon ses lois de constitution et qui s'exprime dans des catégories – antérieurs à toute réinterprétation rationnelle – du temps, de l'espace et de la causalité, ce qui correspond sensiblement aux *a priori* de la sensibilité chez Kant.

A partir de là, deux voies de réflexion sont ouvertes : l'une conduit à voir comment le temps et l'espace des physiciens se caractérise par la mesure, qui à son tour conditionne la mathématisation de la physique ; l'autre conduit à voir comment les structures du monde naturel « conditionnent » l'expérience « psychique » de la réalité naturelle lorsqu'elle affecte nos sens. Si l'expérience sensible oblige à retravailler la distinction classique entre qualité première (telle l'étendue, retenue par Descartes comme indice premier de la réalité matérielle) et les qualités secondes (par exemple la couleur et le goût), elle impose également de distinguer entre la face objet et la face sujet de la sensation : ce qui est ressenti de l'objet, et la sensation reçue par le sujet. Ceci va se répercuter sur la question de l'irréductibilité du monde à la seule dimension de la représentation que le Sujet (individuel ou collectif, empirique ou transcendantal) peut en avoir. Qu'un monde naturel soit, dans sa « forme », indépendant d'une conscience n'indique pourtant pas encore qu'il « existe »…

La philosophie de la nature n'est pourtant pas le terrain sur lequel se décide cette question. Au mieux, elle indique que derrière la rationalité des sciences se lève l'horizon d'un « irrationnel » ressenti, mais pas connu, et que les « formes » constitutives de la rationalité scientifique ont elles-mêmes un fondement inconnaissable. Pourtant, un bilan provisoire est possible, qui circonscrit d'une manière intéressante le problème réalisme-idéalisme :

Les résultats de nos considérations épistémologiques relatives à la nature nous ramènent au point vers lequel nous portait la problématique métaphysique.(...) C'est selon que nous considérons les données sensibles comme appartenant exclusivement au domaine de la subjectivité, ou que nous devons les considérer comme apportées « du dehors », que nous optons pour une position « idéaliste » ou « réaliste », considérant la nature comme un « phénomène » ou comme une « chose en soi ». Mais alors, l'idéalisme ne serait pas un idéalisme subjectif, pour qui la conscience est un être absolu, éternel ; il reconnaîtrait une objectivité fondée sur des catégories indépendantes de la conscience, et il n'y a que la réalité qu'il considérerait comme dépendant également de la conscience. Pour sa part, le réalisme, que nous considérons comme un résultat possible de nos investigations, ne serait pas un réalisme naïf, qui simplement accepte le monde tel qu'il nous apparaît comme étant co-déterminé par la structure de notre subjectivité. Ce qui est décisif, c'est la certitude que l'existence réelle signifie autre chose que le fait des processus de conscience qui suivent une loi objective. Nous ne prenons pas ici position, nous laissons la question ouverte.[33]

Un très beau passage de *Être fini et être éternel* laisse surgir une expression plus poétique de la nature. Après s'être interrogée sur ce que pourrait signifier le chaos originaire, ou sur la nature avant qu'elle ne soit un cosmos organisé, Edith Stein laisse entendre qu'à son sens il ne peut pas y avoir d'écart entre la création de la matière, sous toutes ses formes, et l'impulsion qui en organise l'ensemble. Il n'y a pas d'entre-deux, ni d'étape intermédiaire entre le néant et l'ordre. Les êtres matériels ne peuvent pas exister sans une « forme opérante » qui les porte, qui leur « donne forme » et leur confère la puissance de se manifester visiblement. C'est ainsi que leur existence implique le mouvement par quoi ils se séparent et s'unissent, et cela dans la mesure où c'est un ordre qui leur permet de s'épanouir comme des organismes : les corps solides comme substance fermes circonscrites dans l'espace ; les corps liquides ou gazeux comme retenus par les solides ou comme échappant à leur délimitation.

On peut également admettre que, selon l'ordre originaire de la création, le mouvement et les influences réciproques des matières les porte à se former selon leur nature, et ainsi à parler, par toutes leurs manifestations extérieures, le langage qui proclame l'Eternel : un langage qui ne se laisse pas enfermer dans des concepts, mais que l'on perçoit nettement dans la majesté des cimes, dans les flots de la mer, dans le mugissement des tempêtes et le murmure des brises légères. Le fait que les phénomènes naturels conduisent à des blocages et des perturbations, voire à la destruction des formes, peut être mis en relation avec la nature déchue ; on y reconnaît pourtant toujours les restes d'un ordre : le monde est un cosmos et non pas un chaos.[34]

Ce grand poème de la nature est inséparable de la reprise d'un thème développé notamment par Hedwig Conrad-Martius – qui pratiquait l'arboriculture à Bergzabern : le thème de l'âme des plantes. Si Edith Stein reprend ce thème, ce n'est pas pour spiritualiser la nature, mais pour signifier que cette conception de l'« âme » permet d'assigner sa vraie place à l'*anima forma corporis*. Ou, si l'on veut, c'est la connexion interne entre l'âme et la vie qui impose de parler d'un principe « formel » supérieur à la matière et pourtant lié à elle.

L'âme de la plante, bien que supérieure à la matière, en dépend encore totalement. Dans la plante, son être se réduit à la fonction de former la matière. Le terme de « forme interne » ou forme du corps, lui convient parfaitement. Elle est bien une forme, c'est-à-dire une capacité de donner forme, supérieure aux formes matérielles (inertes) ; mais elle n'est que la forme du corps et rien de plus, alors que l'âme animale et humaine sont en plus le fondement essentiel d'une vie « interne » (voire « intérieure »).[35]

Ces questions, qui relèvent d'une philosophie de la nature, ouvrent visiblement sur le problème de l'autonomie des êtres engendrés, déjà sensible chez les animaux et absolument essentielle pour l'homme, qui en tant qu'individu est une personne véritablement autonome.

L'idée de nature chez Edith Stein est toujours connexe soit à la connaissance (sciences de la nature), soit à l'homme, qui notamment par son corps appartient totalement à la sphère de la nature. Ce qui explique les propos, apparemment étranges, de ce passage extrait de *Aufbau der menschlichen Person* :

Si nous avons quelque peu réussi à cerner la particularité d'être de la plante, la tâche qui nous attend est de rechercher dans l'homme ce qui subsiste en lui de végétal. (...) Il semble que l'homme et la plante se rejoignent dans la station verticale, ce qui n'est pas le cas de l'animal. Mais a-t-on vraiment affaire au même phénomène ? On y trouve de part et d'autre le triomphe sur la matière, et l'on peut retrouver dans le visage humain comme dans la fleur la plus parfaite manifestation de soi. Pourtant la tête a chez l'homme une autre signification : elle domine tout le corps (...). La verticalité a donc un double sens : de bas en haut – la recherche de la lumière –, et de haut en bas – un gouvernement de soi –. En cela, le corps humain se distingue de celui de la plante et de l'animal, quels que soient leurs points communs en tant qu'organismes.

Ce n'est pas une image poétique lorsqu'on compare les petits enfants à des fleurs ; cela a un fondement dans la réalité.[36]

On ne saurait non plus passer à côté du texte sans doute le plus original qu'Edith Stein a consacré à la nature. Il s'agit de l'image de la Trinité dans la création et de cette image dans les être inanimés et animés – exception faite de l'homme.

Avec la création du monde corporel nous est donné à voir l'origine de la forme et de la matière, puis la séparation entre la matière, en tant qu'elle remplit l'espace, et l'esprit. Avec l'espace et le remplissement de l'espace, l'esprit se crée un moyen étranger à lui-même pour s'y présenter. C'est un pas de plus au-delà de l'exposition du monde des idées hors de l'esprit divin. Donner forme à de la matière est une manière pour l'esprit de se représenter dans des réalités spatiales. Les formes de choses corporelles sont un intermédiaire entre l'esprit personnel et la matière remplisseuse d'espace, et le chemin de l'un vers l'autre. Comme sens, et comme force déployée, ils ont quelque chose de l'esprit, mais il leur manque, pour être pleinement spirituel, la conscience et la liberté et la vitalité comme motion hors de soi-même.[37]

On reconnaît ici le thème du Dieu artiste, et une conception de la forme qui dépasse largement le formalisme kantien, voire aristotélicien. Mais dans ce cadre s'établissent des différences essentielles entre les êtres ainsi formés par le divin artiste. Alors qu'aux corps inanimés ne sauraient s'appliquer le trinôme « trinitaire » du corps vivant, de l'âme, principe de vie, et de l'esprit, en tant que créatures les êtres inanimés eux-mêmes ont un sens dans et par lequel l'esprit créateur parle aux esprits créés : Dieu parle à l'homme par l'intermédiaire de la nature, même inanimée, et celle-ci symbolise quelque chose de Dieu.

C'est ainsi que nous découvrons dans le domaine des êtres naturels une double tri-unité : dans la structure de l'étant qui, en tant que support de son essence, repose sur lui-même ; à qui son essence vaut d'avoir du sens ; enfin celui dont la force constitutive de sa forme essentielle se déploie dans son être. Puis à son tour ce déploiement se présente sous trois aspects : le fait de s'intégrer à sa propre forme essentielle ; la possession de l'essence entièrement formée ; le dépassement de soi dans une efficacité externe (en intervenant dans la trame causale de la nature et en irradiant sa propre essence dans le monde spirituel).[38]

Autrement dit, dans son devenir soi-même, dans son être soi-même et en soi-même, et dans ses relations causales, actives ou passives. Cette analyse se répète au sujet des êtres animés – plantes et animaux :

Chez les plantes, la formation est encore purement une mise en forme de la matière. Elles ne sont pas encore parvenues « à elles-mêmes », et donc ne sont pas encore formés de l'intérieur. Cette percée ne s'opère qu'avec l'âme animale (...), où la vie est un mouvement interne et la formation d'un être psychique.[39]

Ici, on est en droit de parler d'une vie sensible, d'une force vitale, d'une opposition entre le soi et le non-soi, voire d'un dialogue entre l'animal et le monde.

Avec l'apparition de la vie intérieure, on atteint à une ressemblance trinitaire d'une qualité toute nouvelle.

En tant que vie subsistante, elle est l'image du Père ; en tant que vie riche de sens (par ses contenus, même encore inconscients au Moi), elle est une image du Fils ; comme expression de la force et comme rayonnement de son essence, elle est une image de l'Esprit Saint. Pourtant, toute cette vie interne et la formation du corps, ainsi que les effets sur le monde extérieur, ne sont encore que des « événements ». Or, ni compris ni libres, ce ne sont pas encore des actes personnels d'un esprit libre.[40]

A partir de là, l'anthropologie steinienne rapproche l'homme plus de l'ange que de la bête, donc de la nature. Par tout ce qui la rattache à Kant, Edith Stein reste prudente dans l'estimation de notre obéissance à la nature, même si celle-ci nous impose parfois une loi plus saine que ce qui relève des formes souvent arbitraires de notre liberté. Mais encore, plus qu'un *animal rationale*, l'homme est éminemment reconnu, dans sa dignité et dans sa responsabilité, comme un esprit incarné.

Chapitre IV

DE LA PERSONNE

Tout justifie de faire suivre ce chapitre sur la Nature par un chapitre nourri sur la Personne. A la condition certes, d'étendre le concept de « personne » à l'homme, corps et âme, au sujet, à l'intériorité, à l'esprit.

Dans l'*Einführung in die Philosophie*, Edith Stein traite à la suite des sciences de la nature, des *Geisteswissenschaften* – des « sciences de l'esprit » que nous appelons aujourd'hui les sciences humaines. Dans *Potenz und Akt*, elle commente les notions d'acte et de puissance d'abord dans la sphère extérieure de Dieu et du monde, puis dans la sphère intérieure du sujet. Dans *Endliches und ewiges Sein*, c'est au sujet du *De ente et essentia* que l'on situe la problématique dans le monde des choses pour très rapidement passer au monde du Moi. Autant d'indices d'un rythme de pensée stylisé à l'extrême par Descartes (res extensa /res cogitans) mais qui chez Edith Stein avoisine le Pascal de l'ordre des corps et de l'ordre des esprits. Au point de rejoindre – dans la divergence et la convergence – le propos de Pascal sur l'ange et la bête. La seconde partie de *Potenz und Akt*, qui représente une longue discussion avec Conrad-Martius, à propos de ses *Metaphysische Gespräche*, sur le corps, l'âme et l'esprit, se termine en effet sur une synthèse (VI, § 23, j) qu'introduit le propos suivant :

Les longues considérations sur la nature de l'homme conduisent à ce résultat bien connu qu'il est à la fois bête et ange : si l'on considère l'organisme corporel, avec les fonction psychiques qui lui reviennent insuppressiblement en tant qu'être de chair, un espèce animale ; si l'on considère l'âme en elle-même et le corps tel qu'il est formé par l'âme, chaque homme est une espèce distincte [– comme le sont les anges –], c'est-à-dire une personne spirituelle avec ses propriétés spécifiques ; et pourtant, ce n'est pas un être double mais l'homme un, l'un et l'autre par une âme une. En ce sens, on voit se confirmer ce que disaient les Metaphysische Gespräche *: qu'une césure divise l'âme humaine en une « âme naturelle » et une « âme spirituelle ». Il n'y a pourtant pas lieu de parler de « deux âmes », mais de la reprise de ce qu'opère l'âme naturelle de l'animal par l'âme spirituelle de l'homme.*

Voilà une indication précieuse. Dès que l'on s'intéresse à l'homme, comme psychologue et/ou comme philosophe, on est confronté à cette articulation entre l'âme « naturelle » mais *déjà* humaine et l'âme « spirituelle », mais *encore* humaine. « Déjà humaine », ce qui signifie avec Pascal que l'homme n'est pas une bête et que même les pulsions les plus animales ont leurs prolongements et leurs « reprises » dans un registre supérieur ; et « encore humaine », ce qui signifie que les motions proprement spirituelles sont celles d'un esprit incarné, temporel, historique et social – et (pour revenir à Pascal) ne sont pas celles d'un ange.

L'idée de Personne n'émerge qu'avec une conscience individuelle – avec ce que la personne, comme « essence singulière », a malgré tout de commun avec l'ange. L'évocation de la dimension spirituelle de l'âme humaine ne suffit pas. Sans l'émergence de cette singularité du Moi (de « Je suis » dont l'analogie avec le « Je suis » divin est la conquête philosophique majeure d'Edith Stein), on ne saurait parler de la personne qu'au sens incroyablement affadi que l'on privilégie aujourd'hui.

Le fil conducteur de la notion de personne nous livre divers aspects de la pensée steinienne, selon son contenu et sa systématique. Caractériser la philosophie d'Edith

Stein comme un « personnalisme » semble aller de soi. En effet, l'idée de personne est par excellence le point d'intersection d'une phénoménologie soucieuse de dégager les structures et le dynamisme de la conscience, et d'une philosophie chrétienne attentive à la dimension spirituelle de l'homme. Mais « personnalisme » signifie plusieurs choses : la rencontre de l'homme avec sa propre dignité ; le regard qu'il porte sur sa condition et son histoire, la connaissance de soi, qui constituent pour lui une exigence éthique ; son ouverture aux influences extérieures, scientifiques et culturelles ; son aspiration à se dépasser selon sa destination religieuse.

On est droit de dire que l'idée de personne est en germe dans le travail entièrement phénoménologique sur l'« empathie » *(Zum Problem der Einfühlung)* et qu'elle culmine dans l'analogie de « Je suis », dont on vient de signaler l'importance. Entre ce début et cet aboutissement s'étagent *Die ontische Struktur der Person...* (qui devrait porter le titre de *Natur, Freiheit, Gnade*),[41] *Der Aufbau der menschlichen Person* , *Potenz und Akt* (qui insiste sur les rapport entre le corps et l'esprit) et *Endliches und ewiges Sein* . Nous ne détaillons ici que les thèmes de l'*Einfühlung* et ramassons sous le titre : « Concepts fondamentaux » des éléments qui se retrouvent dans les ouvrages nommés.

1. « Empathie ». Genèse d'une théorie de la personne

Le travail de doctorat d'Edith Stein, daté de 1916 et reçu avec la meilleure mention, s'intitule « Du problème de l'empathie » (*Zum Problem der Einfühlung*). Il s'y confirme que l'empathie faisait partie des thèmes qui devaient permettre de dépasser la pensée causale strictement naturaliste et positiviste, et d'élaborer pour les sciences humaines des catégories fondamentales qui leur soient propres. La phénoménologie avait réhabilité la pensée intuitive, mais il s'agissait d'aller plus loin et, en ce qui concerne Edith Stein, de placer aux côtés de l'intuition (*Ein-sicht*) l'em-pathie (*Ein-fühlung*), de façon telle qu'au sentiment aussi puisse être reconnue une valeur de connaissance.

§1. La connaissance empathique

Sentir, et plus précisément sentir-dans (*ein-fühlen*) est une pénétration d'une autre nature dans le monde que constitue l'homme comme tel, et dans le monde de l'histoire et des cultures dans lequel les hommes en manifestent les valeurs (positives ou négatives). L'empathie recèle en soi une exigence « herméneutique ».

On ne saurait pourtant nier que le thème de l'empathie a été – en général et dans le cadre plus étroit de la phénoménologie – inclus dans la réflexion sur la connaissance de soi et d'autrui. L'empathie avec soi-même ou avec autrui ne signifie cependant pas simplement (comme dans une perspective purement empirique) se « dépister » soi-même ou entrer par compréhension dans l'expérience d'autrui.

Conformément à l'impératif de la phénoménologie pure, l'empathie doit être comprise comme une modalité fondamentale de la constitution du moi et de celle de l'autre. « Sentir-avec » a, comme tout acte de pensée, au sens le plus pur et le plus large de *penser,* une fonction de constitution. L'objet de la connaissance de soi ou d'autrui n'est ici « donné » que par l'empathie, ou passe à l'état de « donnée ». Là où il s'agit de l'homme, le mode de la constitution est celui de l'empathie. Or, il se révèle peu à peu que l'empathie présente différents degrés de contenu, par exemple des vécus corporels, psychiques, spirituels, et que l'on peut parler de processus de constitution de nature différente : avant tout de ceux qui laissent inchangé le sujet de l'acte de constitution, et de ceux qui lui font rencontrer l'autre en tant que moi qualifié.

Ce n'est qu'à partir de là que l'on peut comprendre la distinction, en l'homme, entre individu et personne, et donc la distinction entre l'expérience de l'autre au niveau individuel et au niveau personnel. En simplifiant, on peut dire que ce qui frappe le plus dans l'individu, ce sont les relations, de quelque nature qu'elles soient, entre le corps et l'âme, l'implication de l'individu dans des rapports de causalité, dans un système de lois auquel la nature est également subordonnée. L'autonomie réellement spirituelle n'appartient qu'à la personne. Pour Edith Stein, une théorie de la personne relève, au sens le plus rigoureux du mot, d'une science de l'esprit.

Nous considérons le moi individuel (...) comme partie de la nature, le corps comme un corps physique parmi d'autres, l'âme dont le corps est l'assise, qui subit et exerce des influences, comme insérée dans un réseau de causalités, tout le psychisme comme un phénomène naturel, la conscience comme une réalité. Seulement cette manière de voir ne peut pas être maintenue jusqu'au bout ; dès la constitution de l'individu psycho-physique transparaît en maints endroits quelque chose qui déborde ce cadre. La conscience se manifeste à nous non seulement comme un phénomène conditionné par des causes, mais en même temps comme « donnant l'être » à son objet ; elle sort donc de la structure globale de la nature et se retrouve face à elle-même : la conscience comme corrélât du monde des objets n'est pas nature, mais esprit.[42]

Il ne convient pas de comprendre le spirituel *(geistig)* comme une superstructure du domaine psycho-physique. Le spirituel est à concevoir d'abord comme subjectivité fondamentale : « moi pur » de la conscience intuitive, moi spirituel, doué d'empathie, de la personne. En second lieu, il doit être compris comme objet transcendant : comme monde spirituel des valeurs. Le renversement du moi pur en moi spirituel correspond à un approfondissement simultané de l'acte constitutif, comme d'un acte qui ne renvoie plus simplement réflexivement au sujet, mais qui, sortant de soi, fait réellement l'expérience de l'être soi-même : « … toute perception extérieure s'accomplit dans des actes spirituels »[43], ce qui revient à dire qu'en tant qu'acte psychique, impliquant une face externe et une face interne, la perception appartient déjà au domaine de l'esprit.

Trois conclusions peuvent en être tirées. Premièrement : l'accent est porté désormais sur l'acte et non plus seulement sur la conscience, sur le moi actif et non plus seulement sur le moi pur « en tant que sujet de l'expérience impossible à décrire et dénué de qualités ». Deuxièmement : le moi spirituel apparaît toujours plus comme une source à partir de laquelle les actes psychiques eux-mêmes doivent être compris comme dépendant de l'esprit. Troisièmement : il s'avère que le spirituel – plus tard appelé âme – représente un espace, avec un dehors et un dedans. De plus, on déduira de tout cela que « à chaque acte d'empathie au sens littéral, c'est-à-dire à chaque saisie d'un acte relevant du sentir, nous avons pénétré dans le monde de l'esprit. Car comme dans les actes perceptifs de nature physique, il se constitue dans le sentir un nouveau domaine d'objets : le monde des valeurs ».[44] Du coup se révèle le côté objet de l'esprit et une extension du problème de la constitution au monde de la culture, qui se détache du monde de la nature.

En tant que moi spirituel la personne à la fois transcende l'individu psycho-physique et dépasse le « moi pur » : « La personne ne pourrait vivre comme moi pur »[45]. Comme sujet spirituel la personne connaît et ressent un monde de valeurs qui transcende la nature mais aussi elle-même, et cela à partir de ses propres profondeurs.

L'idée fondamentale est ici que, dans le sentir, le sujet ne connaît ni ne perçoit ou ne pense pas seulement des objets, mais aussi soi-même ; il fait l'expérience des sentiments comme venant de la « profondeur de son moi » : « Cela revient à dire que ce moi faisant l'expérience de soi n'est pas le moi pur, car le moi pur n'a pas de profondeur. Mais le moi est vécu dans le sentiment à différents degrés de profondeurs, qui se dévoilent quand les sentiments sourdent de lui.»[46]

Nous verrons plus loin quelle importance a cette pensée pour l'évolution d'Edith Stein. Toute la problématique de la structure de la personne dépend de cette construction par degrés, et de la description de l'âme personnelle comme d'un espace déployée de bas en haut.

§2. L'intuition des valeurs

A l'étape suivante, à l'occasion d'une théorie des valeurs, il faudra suivre l'empathie comme rapport à la personne propre et à celle d'autrui. Ici l'axiome principal est : « Chaque avance dans le monde des valeurs est en même temps une incursion dans le monde de la personnalité propre ».[47] Cette mise en relief de la valeur ne signifie pourtant pas que toutes les expériences de la valeur sont identiques. Des valeurs liées aux affects, comme la joie et le chagrin, les valeurs volitives, l'aspiration au Bien, les valeurs cognitives, comme la précision scientifique, ne sont pas personnelles de façon équivalente. Des « valeurs personnelles » comme l'amour et la haine sont (selon Max Scheler) d'une autre nature :

Nous n'aimons pas une personne parce qu'elle fait le bien. Sa valeur ne consiste pas en ce qu'elle fait le bien, mais c'est elle-même qui a de la valeur et c'est pour elle-même que nous l'aimons. Et l'aptitude à l'amour qui se manifeste dans notre amour s'enracine dans une autre profondeur que l'aptitude à l'évaluation morale, qui est vérifiée dans l'évaluation de l'acte.[48]

Ainsi notre regard s'ouvre sur les relations interhumaines, ou, plus exactement, sur une intuition des valeurs dans laquelle la personne d'autrui nous est donnée. Au-delà du problème de la « constitution de la personnalité » il s'agit de la « donnée de la personne d'autrui », par exemple dans l'amour. C'est ici qu'Edith Stein construit le concept de « personne empirique », par lequel elle place l'être homme sous une double loi : celle de la *nature* et celle du sens, au-delà du pur déterminisme psycho-physique et en deçà de l'idée de la *personne.*

Ressentir une « *personne* empirique » équivaut à faire l'expérience, au-delà de l'explication causale de ses actes et de son comportement (psychologie scientifique) et au-delà du déroulement d'expériences singulières (psychologie pratique), de son émergence dans la sphère du sens qui « fait » la personne. Cette expérience d'*autrui,* fondamentalement orientée vers l'appréciation des valeurs, contient à son tour deux choses : d'abord la donnée de la personne d'autrui dans l'expérience d'une plénitude de sens dont je ne suis pas la source ; deuxièmement, le fait que je me connais et m'apprécie d'après autrui.

Toute appréhension de personnes différentes peut devenir le fondement d'une « comparaison de valeurs », car lorsque « nous tombons, dans l'empathie, sur des domaines de valeurs qui nous sont fermés, nous prenons conscience d'un manque en nous ou d'une non-valeur.[49]

Dans cette discussion, où expérience de la valeur et empathie se compénètrent profondément, l'influence de Max Scheler ne peut être niée. N'est-ce pas grâce à lui, même si c'est par des voies détournées, que l'essai sur l'empathie s'achève sur une interrogation qui reste sans réponse, où il est question de « personnes purement spirituelles » ? Projetant peut-être inconsciemment une image d'elle-même, Edith Stein écrit :

« Il y a eu des hommes qui dans une transformation soudaine de leur personne ont cru éprouver l'influence de la grâce divine… Y a-t' il là une expérience authentique ou seulement l'incertitude que nous avons rencontrée en réfléchissant sur " l'idole de la connaissance de soi " ? Qui peut le savoir ? »[50]

La réponse viendra plus tard, notamment dans *Endliches und ewiges Sein*. Comme Edith Stein l'a clairement discerné, le « domaine religieux » est le domaine *par excellence* où la question de la personne comme moi spirituel trouve les réponses les plus profondes, et où poser la question de la « particularité de la personne humaine » a pour sens : « Ce qui lui est commun avec l'être-personne de Dieu et des esprits purs (des anges), et ce qui l'en distingue ».[51]

2. Concepts fondamentaux

Comme on l'a indiqué, la notion de « personne » n'est pas chez Edith Stein une notion exclusivement anthropologique. La personne humaine est une des modalités de la personne, et non *la* personne en soi. Cela ressort de la définition fondamentale de la personne comme « être spirituel ». Pour un penseur chrétien, l'être humain n'est pas le seul à répondre à cette définition ; les anges aussi sont des êtres personnels, et Dieu est à la fois triple « hypostase » (c'est-à-dire *persona*) et « être en personne » ; mais l'homme, à la différence de tout être animé, doit être éduqué pour devenir personne – ce qui donne tout son sens à la pratique pédagogique et nous oblige à regarder d'un peu plus près la notion d'*esprit* (*Geist*).

§1. Les êtres spirituels

La notion d'esprit ne relève pas seulement du domaine des personnes, ni de celui des sujets humains ou du monde surnaturel. Il existe aussi des contenus de sens objectivement spirituels – par exemple les œuvres d'art – même si un pareil contenu se réalise seulement dans l'expérience esthétique d'une personne. Ce cas est d'un intérêt particulier, car il conduit à une définition spécifique de l'*esprit.* Sens et vie s'y combinent pour former une unité : « L'esprit est sens et vie – en pleine réalité : vie pleine de sens ».[52]

A partir de là on rencontre de nouvelles distinctions entre êtres spirituels. Dans les êtres *créés* nous distinguons sens et vie ; de part et d'autre s'y déroule une dialectique de l'acte et de la puissance. La vie spirituelle est la capacité actualisable de se charger d'un sens. Quant au sens, c'est une « entité essentielle » (*Wesenheit*) en puissance, une idée formelle, aussi longtemps qu'il ne se réalise pas dans une vie personnelle. On voit ainsi que derrière la notion de vie se profile l'*existence* en devenir, alors que le *sens* renvoie sans équivoque à l'essence à réaliser.

Dès les *Beiträge* sur les sciences humaines Edith Stein parle du caractère spirituel des *œuvres* dans lesquelles des individus et des communautés, donc des personnes singulières et collectives, s'expriment, ce qui rappelle l'« esprit objectif » de Hegel. Les créations de la culture sont de nature spirituelle, ce ne sont cependant pas des personnes. En elles, sens et vie réelle sont disjoints, alors que dans les êtres spirituels ils sont liés, mais de façon inégale. Dans les êtres spirituels créés, on l'a dit, ils sont séparés, et dans l'esprit incréé de Dieu être, sens et vie sont absolument identiques.

La question de la personne n'a de sens qu'au regard de Dieu, des anges et de l'homme, c'est-à-dire des êtres doués d'une vie qui transcende l'ordre naturel. Ni les œuvres ni les institutions (comme l'Etat) ne sont des personnes, quelle que soit leur poids de sens. Et l'esprit manque aux animaux pour être des personnes, bien que ce soient des vivants.

Puisqu'on a affaire, hormis Dieu, à des esprits créés, il semble particulièrement intéressant de questionner la doctrine des anges sur sa pertinence philosophique. Par quel moyen l'homme ne peut-il se faire une représentation adéquate de la nature et du pouvoir des anges ? Que peut-il apprendre de l'ange sur sa nature prise comme être spirituel ? Edith Stein montre très clairement que pour la question philosophique centrale : « Que sont dans leur essence les esprits purs ? », on peut faire abstraction de l'existence des anges, et que l'expérience que l'homme fait de son propre esprit suffit pour, partant d'un premier point d'appui, s'élever par la pensée jusqu'aux « formes supérieures de leur vie d'esprits » :

Comment devons-nous nous imaginer cette vie de l'esprit supérieure à la nôtre ? C'est encore à la faveur d'une libre modification et d'une amplification conceptuelle de la nôtre, à la manière d'une frontière idéale : un peu comme nous tirons des configurations géométriques pures à partir des configurations des corps naturels. Il s'agit là, en fait, d'une vision en esprit – non pas une pensée vide (purement abstraite), mais une pensée remplie, une saisie intuitive de possibilités d'être.

Cependant cette plénitude n'est pas la dernière : si nous pouvons nous « imaginer » une vie de l'esprit plus élevée que la nôtre, alors cette pensée exige, comme suprême accomplissement, la réalisation effective d'une telle vie de l'esprit. Mais cela, nous ne pouvons y accéder dans notre vie terrestre.[53]

Ce que cette pensée doit à la méthode phénoménologique comme vision d'essence (*Wesensschau*) est évident. Il ne faut pas oublier que l'unité interne qui se manifeste dans la connaissance, dans la vie et dans la puissance des esprits purs n'est pas due seulement à l'absence de corps, en tant que principe de pluralité, mais à la pureté de l'esprit en tant qu'esprit. Cela signifie que l'esprit humain aussi a en soi quelque chose de cette unité, qui avant tout rend la personne capable de corriger sa dispersion psychique, dans l'esprit d'une « maîtrise intérieure », d'une « concentration sur soi-même ».

Si déjà le paradigme de l'ange permet d'énoncer quelque chose d'essentiel sur l'esprit, cela vaut nécessairement pour l'homme. Pour la simple raison que, s'il faut partir de l'homme pour parvenir à dire quelque chose de la nature et des facultés des anges, l'homme aussi se donne à connaître dans l'ange. Non dans une forme pure, mais comme un aspect des facultés humaines auxquelles la philosophie a reconnu la dignité du « transcendantal ». L'esprit humain, en tant qu'esprit, ne serait-ce que si l'on considère qu'il s'agit, ici et là, d'un esprit créé.

Il faut en outre admettre que l'ange, comme esprit pur, est d'une certaine manière apparenté aux entités essentielles. La capacité humaine de la vision d'essence (*Wesensschau*) est donc aussi la capacité de connaître non pas l'existence des esprits purs, mais leur forme idéale.

Mais *existence* ne doit pas être assimilé à *vie*. Des anges sans vie sont impensables. Penser les anges, c'est penser, au sens propre du mot, des êtres-vie. Il s'ensuit donc, entre les anges et les essences comme « formes pures », et entre l'homme et l'ange comme créatures spirituelles, des rapports et des liens de communauté divers. En ce qui concerne le pouvoir des anges : la connaissance intuitive, la *Wesensschau*, est par excellence un acte spirituel qui est adéquat à tout sens de l'essence et tout sens de vie, mais que l'homme ne peut s'approprier que par un extrême effort, alors que ce processus est naturel à l'ange : c'est son « habituelle intuition » de la plénitude de l'étant.

Pour Edith Stein la « philosophie pure » correspond, au plus haut degré, à la connaissance angélique, car elle est l'expression la plus élevée du caractère spirituel de l'homme. Jusqu'à quel point cela ouvre-t-il le regard sur la personne ? Ou le ferme-t-il ? Dans quelle mesure cette notion recèle-t-elle encore autre chose que ce constat fondamental de spiritualité ? Ces questions se posent inéluctablement et exigent une réponse.

§2. Le moi personnel

La problématique des êtres spirituels, et plus spécifiquement des esprits purs semblait se développer à proximité immédiate de la théorie de l'essence. En revanche, dans la mesure où le moi en est un moment constitutif, il en est plus éloigné. Comme *esprits* purs, les anges paraissent semblables à Dieu. Au contraire la ressemblance de l'homme à Dieu doit être lue à travers l'« analogie du Je suis »[54] en vertu de quoi le *moi* indique une autre dimension que celle de l'esprit, qui peut faire regagner au concept de vie sa plénitude.

L'immédiateté, qui appartient à chaque moi en tant que tel, est une particularité de l'être : de chacun jaillit son être, que nous appelons vie, instant après instant, et cet être devient un étant clos sur lui-même, et chacun est à sa façon là pour soi-même comme pour aucun autre étant, et comme aucun autre ne l'est pour lui.[55]

Edith Stein poursuit avec la même vigueur de trait :

(La vie de l'homme) sort de l'obscurité et y retourne, il a des lacunes impossibles à combler, et se maintient d'instant en instant. Une distance infinie la sépare manifestement de l'Etre divin, et pourtant il lui ressemble plus que quoi que ce soit dans le champ de notre expérience, précisément parce qu'il est un moi, qu'il est une personne (...). « Je suis » signifie : je vis, je sais, je veux, j'aime – tout cela non pas dans une continuité ou une contiguïté d'actes temporels (...). Par le moi, pour qui l'être est vie, nous pouvons le mieux comprendre que moi et vie ou être ne sont pas séparables, mais sont un : la plénitude de l'être sous forme de personne.[56]

Ces réflexions montrent clairement que la question du moi se scinde en deux domaines. La personne ne pourrait pas vivre comme « moi pur » ; elle « vit de la plénitude qui brille dans la vie éveillée, sans jamais pouvoir être parfaitement éclairée ou maîtrisée ».[57] On oppose le moi vivant au moi pur. Et il s'avère dans cette confrontation que le moi vivant doit au moi « punctiforme » la lumière de sa conscience, qu'il renferme en fait ses racines dans ses propres profondeurs.

Si le moi pur est pris comme le point à partir duquel tout agir libre est entrepris et dans lequel tout apport extérieur est perçu et parvient à la conscience, une telle conception est admissible. Mais elle ne tient pas compte de l'enracinement de la vie du moi dans le sol sur lequel cette vie se développe. Le moi est pour ainsi dire la brèche qui permet le passage des profondeurs obscures vers la lumineuse clarté de la vie consciente, ce par quoi la « virtualité », ou pré-réalité, passe à l'acte, devient réalité. Dans l'expérience de la « capacité », le moi prend conscience des forces qui « sommeillent » dans son âme et dont il vit ; et la vie du moi est la réalisation de ces forces, ce qui les rend visibles.

La personne, ce moi qui enserre le corps et l'âme, qui éclaire comme intellect et qui domine comme volonté, nous l'avons conçue comme un suppôt situé en arrière et au-dessus de la totalité psycho-physique, ou comme la forme unifiante de la plénitude.[58]

Si l'exploration de la nature spirituelle a conduit à donner la priorité au thème du « pur » – esprit pur, *intellectus purus,* moi pur –, les notions de personne et de moi personnel obligent à prendre en considération la dimension corporelle. Le moi humain n'est pas un moi pur, pas seulement un moi spirituel, mais un moi dans un corps.

Edith Stein s'engage dans une tension forte entre l'examen réaliste de la vie corporelle et l'analyse du moi comme tel, du moi connaissable comme monade et transparent à lui-même. Mais cette tension fait aussi la richesse de la doctrine steinienne de la personne, qui peut être ramenée aux propositions suivantes.

Comme pôle d'unité de tous les états passagers de l'existence, le moi est dépositaire de l'unité temporelle de la vie, qui fuit instant après instant. La conscience du moi incline, en soi, à se concevoir elle-même comme autarcique. Dans cette solitude « punctiforme » du *solus ipse,* sa liberté serait une forme vide qui ne pourrait recevoir sa plénitude que de la richesse des expériences liées au corps, ou du sens sous lequel se range son activité théorique et pratique. C'est alors seulement que le moi serait la forme d'une diversité et d'une plénitude corporelles, un moi-âme.

Mais le moi est aussi esprit, dans la mesure où « le moi se détache d'une certaine façon du corps et se constitue dans sa liberté personnelle au-delà de sa corporéité et de sa nature physique. “D'une certaine façon”, car il y reste englué ».[59] Le moi dans la plénitude de la personne : corps, âme, esprit, est le facteur décisif de la conscience de soi et de la maîtrise de soi, du « se prendre en main ». C'est donc un centre dans lequel la personne se façonne comme individualité libre. Mais ce centre est aussi un milieu entre les deux domaines du monde corporel et du monde spirituel, un « milieu » sur lequel nous reviendrons en explorant la structure de la personne. Quel que soit l'état donné d'un être : dépendance impersonnelle, non-libre, immature, de la nature ; moi autarcique et autocrate, ou moi équilibré, s'entremettant entre nature et esprit – entre nature et grâce : ce moi est toujours un moi individuel. Mais ce n'est pas seulement le moi, c'est aussi ce qui s'annonce sous la notion d'âme, qui porte ce signe inadmissible de l'individualité.

§3. L'âme comme forme et comme vie

A l'hypothèse d'un moi « sans nature » s'associe celle d'un moi « sans âme ». Cette seconde hypothèse résulte avant tout des *Recherches sur l'Etat*, où Edith Stein trace un parallèle entre l'Etat souverain et le moi se suffisant à lui-même et conteste catégoriquement à l'Etat la dignité d'une personne. L'Etat est un moi, mais il n'a pas d'âme, tandis que des personnes concrètes, douées d'une âme et ayant conscience des valeurs, peuvent se mettre au service de l'Etat.

Cela pourrait suffire pour indiquer que la notion d'âme fait partie de la définition de la personne ; mais cela conduit en fait à une triple thématique : celle des rapports entre corps et âme, entre esprit et âme, de même qu'entre moi et âme.

Le problème de l'âme ramène à la distinction ontologique entre forme et sens, *morphe* et *eidos.*

Selon Aristote, l'âme est « forme » du corps. Cette « morphologie » ne suffit cependant pas à reconnaître et à définir l'âme comme âme spirituelle et encore moins comme âme-moi. La définition la plus répandue de l'âme n'est donc pas *forme,* mais *vie* qui sourd des profondeurs de la personne, qui met en mouvement ses capacités physiques, qui se reconnaît dans le « moi-même » sans s'épuiser dans cette conscience, et qui simultanément vient de l'intérieur et rayonne vers l'extérieur. Cette vie n'est pourtant pas purement et simplement existence. La vie est la plénitude de l'être, et non une position dans l'être (être là). Mais ne serait-elle pas, comme âme, simultanément forme, forme de ce corps vivant et espace de sens, centre dans lequel le moi se concentre, se connaît et se forme lui-même ?

L'âme est l'« espace » au cœur du tout physique, psychique et spirituel ; comme principe de sensibilité elle habite dans le corps, dans tous ses membres et parties, elle reçoit de lui et opère sur lui en le façonnant et le conservant ; comme âme-esprit, elle s'élève au-dessus d'elle-même, porte son regard dans un monde qui s'étend au-delà d'elle-même – un monde de choses, de personnes, d'événements –, entre avec lui en relation cognitive et reçoit de lui ; mais comme âme, au sens le plus propre elle demeure auprès d'elle-même, c'est en elle que le moi personnel est chez soi.

C'est ici que s'assemble tout ce qui provient du monde sensible et mental, c'est ici qu'a lieu la confrontation intérieure avec tout cet acquis, c'est à partir de là qu'on prend position, qu'est retenu ce qui devient la propriété la plus personnelle (...). L'âme comme « château intérieure », comme notre sainte mère Thérèse l'a définie, n'est pas punctiforme comme le moi pur, mais est un espace – oui, un « château » aux multiples demeures – dans lequel le moi peut se mouvoir librement, tantôt sortant de lui-même, tantôt se retirant davantage encore dans son intimité. Et ce n'est pas un « espace vide », bien qu'un grand nombre de choses puissent y pénétrer et être accueillie, voire doivent l'être si l'âme doit pouvoir déployer la vie qui lui est propre.[60]

Nous résumons ce passage essentiel de *Endliches und ewiges Sein*. L'âme, forme du corps, dépend pour sa vie de ce qui lui parvient. L'âme rationnelle reçoit le sens, qui fonde l'ordre du monde et reste ouvert à la connaissance. L'âme structure d'une façon personnelle ce qu'elle reçoit, et rayonne sur le monde qu'elle constitue elle-même, à partir du moi incontournable. L'âme est concentrée en elle-même, non pas dans une solitude égoïste (solipsisme), mais conformément à sa capacité à se dominer. Cette domination sur soi est une nécessité en raison des faiblesses existentielles de l'homme et de sa perpétuelle rechute dans un éloignement de soi qui peut être rendu par le terme de « distraction ». Elle décide du *caractère* d'une personne.

Or cette maîtrise recèle quelque chose d'angélique, on y reconnaît une condition de possibilité de manifester à Dieu *in intellectu et amore,* dans l'intelligence et dans l'amour, une juste gratitude pour la vie et le sens.

§ 4. L'individu

Il manque à la personne, pour se manifester dans toute sa complexité, une dernière détermination, celle de l'individualité. Qu'entend-on par là ? L'individu est le porteur concret de toutes les déterminations de la personne : spiritualité, liberté, vitalité, etc…, autrement dit le moment existentiel de tous les traits spécifiques de la personne. Sans l'individualité, la personne resterait une pure essence, une idée. L'identité du moi individuel (ou le contenu du « Je suis ») est aussi d'une autre nature que celle du moi de la conscience. L'individu est d'une nature unique (*einzigartig*) en raison de son être-propre-à-chacun (*Je-Sein*), dans l'unité psychosomatique commune à l'homme. Mais ce caractère unique reste en soi opaque, mystérieux et indicible. « Je suis » en est le signe, non le concept.

L'individualité reposerait dans le corps si l'âme en était la forme essentielle. Chez Edith Stein, tout renvoie à une individualité qui n'a pas son assise dans l'élément finalement périssable de la matière du corps, et qui ne se signale pas seulement dans la dispersion des choses ou dans l'autonomie de figures géométriques : « La non-réalité des objets idéaux fait aussi de leur autonomie, leur singularité ».[61] C'est plutôt aux anges, par la convergence de l'espèce et de l'individu, que l'on pourrait emprunter ce qui convient à la personne humaine.

L'être-unique de l'homme – comme de toute personne spirituelle – se distingue de l'être unique de toutes les choses non-personnelles : il lui appartient que la vie jaillit du moi et qu'elle est donnée au moi personnel de deux façons : pour devenir consciente d'elle-même comme d'une vie à part du reste, et pour la façonner librement. Mais nous avons aussi vu que le moi ne doit pas être pensé comme un moi pur ; que celui-ci n'est pour ainsi dire qu'un passage par lequel la vie de la personne humaine s'élève du fond de l'âme vers la clarté de la conscience. Le plus intime de la conscience, ce qu'elle a de plus propre et de plus spirituel, n'est pas incolore ni informe, mais a un genre qui lui est propre : la conscience le ressent quand elle est « chez soi », « recueillie en elle-même ».[62]

Unique est quiconque, est chacun (*je-der* = à chaque fois celui) qui se définit lui-même en disant « moi ». Dans une réflexion purement philosophique, cela signifie qu'Edith Stein aussi prend position dans le débat des universaux. Dans cette querelle médiévale, mais en fin de compte non dépassée, dans laquelle réalistes, conceptualistes et nominalistes prirent des positions tranchées, la question était de savoir ce qu'est l'universel. Les réalistes platoniciens le comprenaient comme une réalité subsistante (telles les idées platoniciennes). Les conceptualistes le voyaient dans l'esprit connaissant sous la forme de concepts. Pour les nominalistes, seuls des mots (*nomina*) désignaient l'universel. Dans l'application à l'homme, il y allait de la réalité de l'*hominitas* – ou de l'humanité comprise comme une abstraction de l'homme individuel (la difficulté étant que la généralité du concept pouvait trouver un appui dans la forme essentielle, c'est-à-dire dans l'universalité de l'âme) – ou encore de ce que « humanité » n'est qu'un mot, alors que n'existent que des individus concrets.

Ce qui sépare la forme essentielle individuelle de la forme essentielle générale est, pour Edith Stein, qui s'appuie ici explicitement sur Duns Scot, « quelque chose qui est doué d'une réalité positive ». « A la forme de la chose, nous attribuons l'unicité » et, plus encore, à la forme de l'homme la singularité de l'individualité[63].

Cette unicité ou singularité a fait l'objet de deux remarquables travaux, qui en traitent au travers du thème typiquement steinien du « noyau de l'âme ». On lit d'une part dans *Potenz und Akt* ce passage programmatique cité par Chr. Betschart :

« Quatre questions surgirent toujours de nouveau dans différents contextes : 1. Le noyau de la personne est-il quelque chose d'actuel ou de potentiel ? Est-il simple ou divisible ? Est-il soumis à variation ou invariant ? La vie actuelle de la personne est-elle entièrement ou partiellement ancrée dans le noyau, ou peut-elle se dérouler sans participation du noyau – d'une façon « impersonnelle ? »[64]

Quant à Bénédicte Boulliot, c'est en suivant pas à pas cette problématique du « noyau de l'âme » qu'elle avance un brillant commentaire de la philosophie de la personne d'Edith Stein.

3. La structure de la personne

La structure ontique de la personne et sa problématique gnoséologique – texte du début des années 30 dont le vrai titre semble avoir été *Natur, Freiheit, Gnade* – a l'avantage d'une systématique claire, et le mérite d'associer le problème de la personne à une dynamique et une analogie de la connaissance.

Une première analyse concerne la « vie de l'âme ». Selon sa vie naturelle-naïve, l'âme se situe dans une alternance permanente d'impressions et de réactions. Nous nous trouvons donc sur le terrain du behaviourisme avec la structure psychique fondamentale d'impressions stimulantes et de réactions entièrement conditionnées. Cela ne donne pas encore une personne, pas plus que dans le domaine de la connaissance l'attitude naturelle-naïve ne garantit un accès aux rapports cognitifs authentiques.

Vient ensuite la description d'une structure opposée dans laquelle l'âme est dirigée d'en haut et du dedans et non plus du dehors. Son statut est alors celui d'une âme « libérée » et « environnée de paix ». Cela donne la dualité conceptuelle : dépendant du monde/libéré du monde, comme appartenant à la définition de l'âme. Mais l'âme n'est pas simplement la *psyche* des psychologues. Comparée à la personne, l'âme correspond davantage – à ce stade de la recherche – à la personne dans son caractère propre : l'immersion sensible dans le monde extérieur, ou, inversement, le retour sur soi, mais qui se manifeste aussi dans l'attitude corporelle et le comportement, dans le style de vie et le rayonnement personnel.

A partir de là, la question de l'esprit se pose à nouveau. L'esprit est la capacité de l'homme à se mettre en rapport cognitif ou volitif avec ce qui est appelé d'un côté le « royaume de la nature », de l'autre le « royaume de la grâce », en vertu de quoi la philosophe, dont la pensée est désormais chrétienne, transcende le « monde des valeurs » (comme il s'appelle dans l'*Einfühlung*) dans le monde de la grâce. Mais une relation spirituelle vraie naît d'une source et ne peut être conçue sans liberté. Cependant, dès le moment où il est question de la conduite de l'âme par la grâce, de l'obéissance dans la vie de foi, se présente forcément le thème d'une « entrave à la liberté », ou d'une liberté « dont il n'est fait aucun usage ». Cela mène à son tour à la définition de la liberté comme d'une donnée centrale de la personne, mais hors des domaines de la nature et de la grâce qui tous deux, de façon opposée il est vrai, « lient » l'âme. Le sujet libre est donc, dans l'absolu de sa liberté, « entièrement exposé au vide », la liberté n'appartenant en soi ni au monde de la nature ni à celui du haut, ou de la grâce.

L'âme – pour envisager une fois encore l'ensemble du problème de façon simplifiée – est nécessairement ordonnée à un domaine, de la nature ou de la grâce. Là, elle est menée et donc passive. Mais il subsiste à l'intérieur de cette dépendance (de l'extérieur ou d'en haut) une activité de l'esprit : sous la forme d'impressions cognitives ou de motivations sensibles (à distinguer rigoureusement des causalités), et beaucoup plus librement sous la forme d'actes de connaissances et d'impulsions de l'esprit. Enfin, Edith Stein signale dans l'esprit un « lieu central », que nous aimerions désigner comme le moi, et dont nous apprenons qu'il est « exposé au vide ». Ce vide qui angoisse le moi libre a une double signification. Premièrement, « vide » par opposition à la « plénitude oppressante » du monde de la nature ou, au contraire, à l'accomplissement libérateur de la grâce. Deuxièmement : « vide » au sens du *néant,* que Sartre oppose à la plénitude étouffante de l'*être,* du *Sein.* Dans cette liberté le sujet se possède lui-même et peut « se mouvoir sans entraves dans toutes les directions ». Cependant le moi, précisément dans cette liberté absolue, est « absolument fixé en lui-même et condamné à l'absence de mouvement. Car le Soi qu'il possède est tout à fait vide, et n'acquiert de plénitude que du monde auquel il se voue » – ou du moins peut se vouer – « en vertu de sa liberté ».[65]

Dans quelle mesure est-ce encore la phénoménologue qui parle ici ? D'un côté, pour autant que le « moi vide » est un écho du « moi pur », dont il a été dit qu'il est un « sujet sans qualités du vécu », et le fondement identitaire de tout ce qui s'appelle « mien ». De l'autre, pour autant que la progression de la dépendance au monde à la liberté, puis de cette libre égoïté centrale à l'enracinement dans le royaume de la grâce, correspond à un « chemin de connaissance » qui, partant de l'attitude naïve-naturelle, en passant par l'ascèse de la mise entre parenthèses de la thèse de l'existence, oriente le moi transcendantalement purifié vers l'essentiel de la réalité extérieure et intérieure nouvellement reçue. Cette problématique cognitive, décidément phénoménologique, devient ici, transposée sur la personne, un chemin de vie.

D'une part, les déterminations fondamentales de la personne : âme, esprit, moi, reçoivent une nouvelle qualification. D'autre part, on trouve dessinée une voie de personnalisation :

> *La vie naturelle-naïve de l'âme – de structure animale – n'a pas de centre. La percée vers le statut de personne se caractérise par l'acquisition du point central, du point fixe, où le sujet psychique peut s'ériger librement en personne.*[66] (Cette percée vers la personne ne signifie cependant pas que tout lui devient possible.)
>
> *La personne "dispose" de la sphère des mouvements de sa psyché. Elle peut à l'occasion les réprimer, ou au contraire les "cultiver" et de cette façon travailler à l'édification de son "caractère". C'est la "maîtrise de soi" et l'"éducation de soi" dont elle est capable. Le "dépassement de soi", le refaçonnement radical du Soi naturel et le fait de se laisser combler par une nouvelle richesse spirituelle, tout cela est en principe impossible pour la personne autarcique.*[67]

Une refonte radicale ne peut être, comme nous le verrons, que l'œuvre de la grâce. Il devient en outre manifeste que la structure ontique de la personne n'a pas seulement un parallèle gnoséologique, mais aussi un parallèle pratique, que nous considérons comme la composante pédagogique d'une philosophie de la personne. Le thème est ici : la formation du caractère en tant que formation de soi, libre et consciente, telle que notamment Edith Stein l'a pratiquée sur elle-même. Cette formation de soi rend alors évident que la formation par d'autres, telle qu'elle est exercée dans la famille et à l'école, doit être fondamentalement et essentiellement soucieuse de donner au jeune la capacité de s'éduquer lui-même. Il semble clair que nous avons ici affaire au sens le plus positif de l'« émancipation » – qui n'a pas grand-chose en commun avec ce que l'on entend aujourd'hui par ce terme. Et en ce qui concerne Edith Stein pédagogue, tant ses écrits théoriques que ses conférences sur la formation de la femme montrent de façon convaincante que seule une perspective personnaliste peut assurer à l'émancipation une valeur positive. Il en sera question dans le chapitre suivant. Si nous demeurons dans le domaine de la personne, « formation » – entendue comme le fait de « se prendre en main » – ramène à la doctrine de fond :

Les influences formatrices de l'entourage moral, l'intervention formatrice de ces sculpteurs d'âmes que sont les pédagogues ne sont pas seulement conditionnées et limitées par la formation primaire intérieure : une autre force intérieure formatrice les croise. Le petit d'homme est livré à des éducateurs humains. L'homme en développement, qui s'éveille à la liberté morale, est livré à lui-même. Par la vertu de sa volonté libre il peut lui-même travailler à sa formation, il peut mettre en action ses forces et par là pourvoir à leur développement, il peut s'ouvrir aux influences formatrices ou se verrouiller contre elles (...). Mais personne ne peut faire de soi ce qu'il n'est pas par nature. Il n'y a qu'une seule force formatrice qui, contrairement à toutes celles qui ont été jusqu'ici mentionnées, n'est pas assujettie aux limites de la nature, mais peut transformer du dedans même les formes intérieures. C'est la force de la Grâce.[68]

La définition de la structure de la personne n'est donc pleinement valable qu'une fois répondu à la question de l'individualité. On l'a dit, pour Edith Stein l'individualité est ce que l'âme a de plus personnel. Le thème « individualité » est introduit avec l'hypothèse, spécifiquement religieuse dans son contenu, d'une transformation radicale que peut connaître l'âme dans la « seconde naissance par l'Esprit » :

La totalité du caractère d'une personne, c'est-à-dire l'ensemble des dispositions naturelles recevant de son individualité intérieure ses nuances spécifiques peut être détruite, et cependant préserver son individualité. Cette individualité est intangibilis *(...). Même la Grâce est reçue par chaque âme selon son propre mode.*[69]

Individualité signifie donc deux choses.

1° En tant que centre permanent de l'âme, elle est à mettre en parallèle avec le moi, centre de l'esprit. Linguistiquement, l'*individu* revient à dire : l'être sans division qui se désigne lui-même par *moi.* Et cependant on doit distinguer l'âme et le moi. Seule l'âme peut se retirer dans ce centre de son individualité ; et « quand elle est détachée de tout ce qui est extérieur, et en paix, c'est alors seulement qu'elle vit purement sa vie propre. En paix et détachée de l'extérieur, elle ne peut l'être que lorsqu'elle est élevée dans le royaume d'en haut. Ainsi par la Grâce elle se reçoit elle-même comme un don. »[70] Le Moi transparent à soi et l'individu ayant reçu la Grâce sont en vérité étrangers l'un à l'autre. « Se posséder » et « se recevoir » sont en opposition.

2° Il faut pourtant ajouter que malgré cette opposition entre le moi vide et le repos silencieux de l'âme-individu, l'individu contient la double possibilité d'un moi égocentrique et d'un moi théocentrique qui est celui de l'âme. Et voilà qui nous ramène à proximité de Pascal : la liberté est à la nature ce que l'esprit (*ordre des esprits*) est aux corps (*ordre des corps*). L'âme individuelle recueillie en elle-même est au centre « spirituel » du moi ce que le cœur (*ordre du cœur*) est aux esprits. L'image du cœur, chère à Max Scheler, est peut-être ce qu'il y a de plus approprié pour saisir ce qu'Edith Stein désigne par individu : le moi-source, assumé au centre et devenu le centre de l'âme sublimée. Ou précisément le « noyau de l'âme »

A ce point il devient clair que la notion d'âme renvoie, au-delà du spirituel-intellectuel, à la sphère spirituelle de la foi. Pas plus que le moi, « seulement » libre, n'a de soi un contenu, la raison ne constitue une « sphère spirituelle qui émane d'un centre personnel et qui ainsi porte une marque spécifique. C'est seulement dans de telles sphères spirituelles que l'âme peut être vraiment préservée, et seule la liberté donne accès à ces sphères ».[71]

Finalement la liberté est dans le processus d'accès au statut de la personne une médiation, un point de passage entre nature et grâce. En elles-mêmes, la liberté et la raison n'offrent aucun moyen de salut ni aucune paix. Les objections de Pascal contre la philosophie trop sûre d'elle-même riment ici avec le malaise, qui se déclare toujours à nouveau dans notre culture occidentale édifiée uniquement sur la raison et la liberté.

4. Phénoménologie de l'intériorité

Ce qui suit, repris principalement de « La structure ontique de la personne », renvoie souvent au commentaire du « Château de l'âme » de sainte Thérèse d'Avila et à *Endliches und ewiges Sein*. Ce qui nous importe ici ne relève pas d'une édification religieuse, mais d'une problématique abordée dans sa scientificité philosophique. A ce sujet le texte d'Edith Stein déjà cité :

L'âme comme « château intérieur » (...) n'est pas punctiforme comme le moi pur, mais un « espace », oui, une « forteresse » aux multiples demeures, où le moi peut se mouvoir librement, tantôt sortant, tantôt se retirant davantage encore dans son intimité. Et ce n'est pas un "espace vide", bien qu'un contenu puisse y pénétrer et y être accueilli, voire doive l'être, si l'âme doit pouvoir déployer la vie qui lui est propre.[72]

Cette première remarque s'élargit dans le commentaire du « Château de l'âme ».

La première partie consiste en une récapitulation du chemin de l'extérieur vers l'intérieur, des murs d'enceinte à la chambre la plus secrète, tel que sainte Thérèse le décrit. Dans la deuxième partie, Edith Stein s'efforce d'incorporer ce symbole (*Sinn-Bild*) de la grande mystique dans la psychologie moderne et la philosophie de l'esprit. En cela elle s'assure que ses propres analyses, qui sont d'origine phénoménologique, peuvent contribuer à l'intelligence de la doctrine thérésienne de l'âme.

L'étrange chemin que parcourt l'âme en rentrant en elle-même s'éclaire peut-être un peu grâce à notre distinction entre âme et moi. Le moi apparaît comme un point mouvant dans l'espace de l'âme ; là où selon le cas il s'établit, là se met à briller la lumière de la conscience, et elle éclaire un cercle déterminé, aussi bien à l'intérieur de l'âme que dans le monde objectif vers lequel le moi est tourné. Mais malgré sa mobilité, le moi est lié : à ce centre de l'âme, lui-même immobile, où le moi est à proprement parler chez lui.[73]

Ce point central de l'âme est tout d'abord le lieu de la décision en faveur de Dieu, libre et personnelle, et ensuite le lieu de la libre union avec Lui. La dimension mystique coïncide avec l'analyse philosophique sur le fait que la liberté est amenée à se vider si elle n'est pas une décision libre pour le royaume d'en haut, et si elle ne peut être une libre rencontre dans l'amour. C'est alors seulement qu'on peut parler de « créer le vide en soi-même » dans le sens positif d'une ouverture absolue du « cœur » pour la rencontre intime, et dans la plénitude, avec le bien-aimé du Cantique des cantiques.

Le problème de la personne débouche sur un examen radical de la liberté et de son double visage : liberté égocentrique pour un néant de contenu, ou liberté centrée sur la valeur comme corrélât de la responsabilité personnelle. De surcroît, liberté théocentrique de se donner à la personne divine dans la foi et la mystique.

Il est caractéristique qu'Edith Stein aborde toujours les auteurs mystiques tels que Thérèse d'Avila et en dernier lieu Jean de la Croix, en ce qui concerne l'interprétation de leurs œuvres, au moyen des catégories fondamentales de la personne qui proviennent de son héritage phénoménologique. Mais qu'il y ait aussi chez elle une véritable nouveauté apparaît dans le fait qu'elle ne persiste pas, comme Husserl, dans une dichotomie entre l'ordre « psychique », donné par la nature, et l'ordre « eidétique » transcendantal et constitutif. Du dédoublement de la notion d'âme en vie de l'âme selon la nature ou selon la grâce résulte la possibilité d'opposer à l'esprit concentré sur un « ego pur » et une liberté pure, purement connaissant et transparent à soi, un moi personnel et individuel. Cet autre « centre de l'âme », également désigné comme moi libre mais théocentré, est la voie vers l'union d'amour dans l'expérience mystique authentique. Mais l'amour n'était-il pas déjà dans la théorie de l'empathie la plus haute capacité de la personne sensible à la valeur, et non seulement capable d'intuition ?

Au Carmel aussi, dans la paix de son âme rassemblée, Edith Stein est restée fidèle aux débuts de sa phénoménologie de la personne. Ce qu'elle doit à la scolastique (comme philosophie chrétienne) doit être maintenant précisé par une dernière citation. Elle se rattache au lieu où il était question de la particularité de la personne humaine au regard d'autres espèces de personnes :

La personne, en tant qu'elle vit consciemment et librement, en tant qu'elle embrasse et porte la plénitude de son essence, ressemble aux esprits purs ; mais dans la mesure où elle remonte d'un fond obscur et qu'elle en est portée, et dans la mesure où elle est incapable de façonner son être propre personnel, de l'éclairer et de le maîtriser, elle reste en-deçà de ces esprits ; et pourtant elle a sur les esprits purs créés le privilège d'être, du fait de sa propre profondeur, une certaine ressemblance à Dieu différente de la leur.[74]

C'est à ces hauteurs et à ces profondeurs qu'atteint la puissance spéculative d'une théorie de la personne dans laquelle l'héritage scolastique et la phénoménologie pure se croisent et se fécondent en la personne d'une philosophe encore insuffisamment prise en considération en tant que telle.

Chapitre V

DE LA FEMME

Les réflexions d'Edith Stein sur la personne trouvent un écho tardif mais particulièrement pertinent dans les différents textes qu'elle a consacrés à la *Vocation et la formation de la femme.*

Il faut également souligner l'importance pédagogique de ces écrits, en partie consacrés à l'éducation scolaire des jeunes filles, ce qui nous renvoie aux activités d'enseignante d'Edith Stein, surtout chez les dominicaines de Spire. On peut également donner à ces textes une place intermédiaire entre les travaux rigoureusement scientifiques et les conférences destinées à un plus large public.

Nous aimerions par ailleurs extraire de ces contributions pédagogiques, donc de l'ensemble des discussions relatives à la formation des jeunes filles et des femmes, ce qui peut aider à saisir la personnalité d'Edith Stein elle-même. Beaucoup de ce qu'elle exploite pédagogiquement est une généralisation de sa propre expérience, donc aussi de sa propre éducation philosophique et de son cheminement religieux. Dans sa réflexion se manifestent ainsi les emprunts à un processus de formation auquel elle s'est volontairement soumise.

Les théories éducatives d'Edith Stein son profondément enracinées dans ses conceptions précédemment acquises. Cela se remarque non seulement à la pertinence de ses commentaires sur les objectifs et les méthodes de l'éducation, à la qualité de son travail sur les fondement philosophiques d'une pédagogie chrétienne – confrontée avec plusieurs autres options métaphysiques –, dont témoigne le cours préparé pour le semestre d'hiver 1932/1933 de l'Académie de Münster : *Der Aufbau der menschlichen Person*, mais aussi et surtout à la profondeur de ses théories du « féminin », perçu comme une détermination de nature à laquelle chaque femme, comme individu concret, doit imprimer sa marque personnelle. Il s'agit donc bien d'une recherche sur l'essence de la femme ; d'une recherche à partir de laquelle on se placera dans une perspective existentielle pour se demander si cette « nature » commune pourrait présenter des facteurs préjudiciables à la formation de la personne, et jusqu'à quel point la personne, dans la femme, ne peut se construire et se développer spirituellement que selon ces lois de l'être-femme.

Edith Stein reconnaît la nécessité d'appliquer des méthodes scientifiques (sciences naturelles et sciences humaines), philosophiques (donc phénoménologiques) et théologiques, pour pouvoir dégager cette nature complexe, étagée à divers niveaux, dont les constantes présentent l'idée, ou la structure optique, de la femme. En l'occurrence le mot « théologique » se réfère en même temps à des énoncés bibliques, susceptible d'éclairer la condition de la femme, et à des concepts métaphysiques hérités de saint Thomas.

On aborde ainsi le domaine du féminisme dans son ensemble, reçu comme la tentative et la tentation de la femme de s'émanciper aussi bien de sa destination naturelle que des rôles qui lui sont dévolus dans la société. Le terme d'émancipation prend, chez Edith Stein également, un relief considérable, mais pris dans une perspective métaphysique qui ne nous semble, quoi qu'on en dise, nullement dépassée. Le discours sur la femme ne doit pas négliger sa relation à l'homme. Edith Stein lui a également voué son attention, aussi bien dans ce qui le différencie de la femme, que dans son rapport à elle.

1. Nature et vocation de la femme

Edith Stein se demande à plusieurs reprises s'il est justifié de parler d'un « spécifique féminin ». La réponse se situe entre un rejet d'une spécificité de « nature » au nom d'une égalité en pure « humanité », et une affirmation qui voudrait réduire cette spécificité aux aspects simplement biologiques et organiques de la femme. Elle voit dans la femme en premier lieu l'être humain, dont le tracé de vie et la vocation sont toujours codéterminés par des dispositions innées qui s'enrichissent sur le plan spirituel sans nier ou abolir cette dimension naturelle. Nous aurons bientôt à attirer l'attention sur les principes métaphysiques qui articulent ici la pensée. Mais un premier regard permet déjà d'aller à l'essentiel : être-femme, pour Edith Stein, est un don et une vocation. Accéder à l'humanité ou se développer en une pleine humanité, est une tâche marquée, chez la femme, par une féminité qui doit être vécue pleinement et déployée spirituellement, la femme étant appelé à s'émanciper de ses aspects « passifs ».

§1. *La féminité comme telle*

Tout ce qui a été dit sur la personne doit donc être placé dans la perspective de la féminité, comme quelque chose que chaque femme doit cultiver dans sa personne, sans en effacer ou masquer les traits généraux. La féminité présente des forces et des faiblesses spécifiques qui déterminent le processus évolutif de la femme dans sa féminité. Il conviendra de revenir plus loin sur ces forces et ces faiblesses qui peuvent donner lieu à une typologie de l'âme féminine.

Une définition plus précise de la féminité comme telle trouve un appui dans la notion de nature. On parle constamment de ce à quoi est destinée la femme, de la vocation de la femme selon l'ordre naturel, de la nature et de la destination de la femme. *Nature* ne signifie pas ici l'essence comme « forme ». Il faut le préciser, car le concept de forme, référé à la « matière », indiquera principalement le façonnement de la personne, donc le processus pédagogique de la « mise en forme » de ce que l'on appelle le « matériel éducatif ».

Dans un premier contexte, *nature* a trait à la vocation fondamentale de la femme à la vie en couple et à la maternité : « La nature de la femme est constituée pour sa destination originelle : être épouse et mère (…). Le corps de la femme est formé à cette fin. »[75] Ce regard sur le corps de la femme mène nécessairement à la question de l'« âme de la femme », qui représente un dépassement des fonctions somatiques : « Le fait d'être spirituellement compagne et mère ne se borne pas aux limites de la relation physique, conjugale ou maternelle, mais s'étend à tous les hommes qui entrent dans l'horizon de la femme ».[76]

A une première transposition de la nature corporelle dans les propriétés de l'âme vient s'ajouter un second aspect. Edith Stein dessine une « image idéale de la forme de l'âme féminine », et cette image montre « à quelle fin l'âme de la première femme fut créée » et « comment on peut se permettre d'imaginer l'âme de la Mère de Dieu ».[77] Cette âme est « vaste », « sereine », « chaleureuse », « limpide », « fermée sur elle-même », « vide de soi-même », « maîtresse d'elle-même ».[78] Cela revient à dire que la notion de nature a une double orientation. On insiste d'un côté sur ce qui est donné par la nature, donc sur l'organisme tel qu'il détermine aussi le psychisme et qui étendu à l'esprit domine l'être de la femme ; mais d'autre part on insiste sur l'idéal, sur ce qui est un projet à réaliser. A-t-on affaire ici à un paralogisme qui efface la frontière entre être et devoir-être ? N'est-ce pas plutôt prendre conscience de ce que la notion de « nature » est celle qui renvoie à la fois à l'essentiel et au fondamental dans le donné, et en même temps à la valeur et au sens de réalité de ce qui est à réaliser ? Admettre que l'on peut travailler avec les concepts croisés de réalité et de norme, puisque la réalité en devenir porte déjà en elle la mesure ou la norme de sa réalisation ?

D'un point de vue anthropologique, il convient d'être attentif à deux choses : Premièrement, la tension entre ce qui existe organiquement et ce qui devrait être idéalement ne peut être résolue qu'à la faveur d'un ordre de nature conçu comme un ordre créé. Deuxièmement, cet ordre de création renvoie à un désordre, appelé péché originel, dont l'effet se fait sentir dans une désunion innée de l'âme et du corps, qui à son tour présente des aspects spécifiquement féminins pour la raison très précise que le rapport âme-corps est structuré chez la femme autrement que chez l'homme.

La coappartenance à l'ordre de création et à l'ordre de nature élargit le concept de nature au-delà de la *physis,* par quoi on entend les données du monde structurellement déterminées, jusqu'à atteindre un archétype : ici l'« image idéale de l'âme féminine ». Mais cet archétype ne peut s'inscrire, comme fait de nature, dans un ordre de la création, que pour autant qu'ait existé un monde dans lequel la réalité et l'idéal étaient identiques. Pour une anthropologie philosophique, cela signifie que dans ce monde règne une cohérence fondamentale des qualités « innées » de l'âme (l'âme de la femme dans l'état de sa beauté faite à l'image de Dieu) et de l'âme comme forme structurelle de la matière du corps. Après l'effondrement de cette unité et de ce lien originels, la question reste ouverte de savoir si, par exemple, la structure du corps organiquement sain représente le mieux l'état de nature, ou si l'irruption des énergies de l'âme hors des passivités de l'instinct, et la dissipation des obscurités – ici spécifiquement féminines –, peut rendre manifeste ce qu'est à vrai dire « la nature voulue par Dieu ». Dans ce cas, *nature* doit être considérée principalement comme un concept téléologique.

Il ne fait aucun doute que pour Edith Stein ce n'est pas la « santé » du corps qui est le vestige encore accessible, ou le paradigme, de l'ordre de nature comme ordre de création, mais l'irruption d'une âme qui n'est que trop enchaînée à son organisme, et sa configuration en une personne ; une personne qui ne perd alors rien de sa féminité si la vocation à la vie en couple et à la maternité, donnée par la nature et fondée dans le corps, est placée dans la lumière de la relation à autrui – c'est-à-dire en premier lieu à l'homme. Seule cette relation, et non le donné organique en soi, est ordonnée à la Création au point de pouvoir être maintenue en plénitude, jusque dans la vie de grâce la plus cachée. Et c'est seulement dans cette structure relationnelle de sa féminité que la femme peut, à travers toutes les professions et vocations concrètes, être et demeurer authentiquement femme.

Surgissent alors trois interrogations qui se compénètrent : comment caractériser cette relation fondamentale, constitutive de la femme ? Comment est-elle vécue : dans l'illusion ou dans la vérité ? Comment se différencie-t-elle selon les professions et vocations de la femme ? Comme être humain. La femme partage la vocation générale de l'humanité à aménager la terre pour l'honneur de Dieu ; mais comme Femme-Eve elle a dans sa relation avec l'homme la position d'un « pendant » (sic) : « Vis-à-vis de lui, une aide, et, pourrait-on dire, comme son vis-à-vis, ce qui conduit à parler de “miroir” et de “pendant”. »[79]

Edith Stein a manifestement à l'esprit le reflet « iconique » de la reine-Eve dans le roi-Adam, et non le miroir dans lequel, lors de la chute, Adam contemple sa souveraineté dans une illusion narcissique. Cependant, le miroir « femme » peut produire un reflet qui engendre le Mal, si par ce moyen elle capte l'homme dans son miroir de tromperie et tente de le dominer. Pour ne pas succomber à cette tentation, la femme doit suivre sa vocation propre sous la « conduite » de l'homme – mais non sous sa « domination » – comme le veut l'ordre de la nature ou de la création. De même, la domination de la femme par l'homme est un fruit du désordre du péché :

La dégénérescence de la royauté en une tyrannie brutale se manifeste aussi dans la relation de l'homme à la femme. Elle lui est donnée comme compagne et aide selon l'ordre originel. Elle jouit des mêmes dons que l'homme pour se tenir à son côté dans la domination de la terre : les dons de connaître, de jouir, de créer, mais avec moins de pugnacité ; d'un autre côté, elle court moins le danger de se perdre entièrement dans une entreprise, et de négliger d'autres aspects de l'existence. Cela montre le chemin d'une collaboration dans laquelle la femme pourrait, aux côtés de l'homme, déployer ses dons au service de tâches communes, et où l'homme serait préservé, grâce à un épanouissement plus harmonieux des forces chez la femme, d'une trop grande unilatéralité. Mais dans l'état de chute, cette relation de compagnonnage est devenue une relation de domination, souvent brutale ; on ne s'interroge plus alors sur les dons naturels de la femme et leur meilleur déploiement possible, mais on l'utilise comme le moyen d'une fin, au service d'une œuvre ou pour la satisfaction de son propre désir. Il arrive alors facilement que le despote devienne l'esclave du désir, et donc l'esclave de la femme-esclave, qui doit satisfaire son désir.[80]

Même les instructions de saint Paul sur la soumission de la femme sont encore placées dans cette lumière. En lisant la première lettre à Timothée, Edith Stein écrit : « On a l'impression que l'ordre originel et l'ordre du salut sont dissimulés par l'ordre de la nature déchue et que la voix de l'apôtre est encore celle du Juif guidé par l'esprit de la Loi. La conception évangélique de la virginité semble tout à fait oubliée ».[81]

Edith Stein donne ainsi à sa conception de la femme une assise *théologique,* et cela pour édifier un ordre triple : l'ordre de la nature ou de la création, le désordre de la nature déchue, et l'ordre du salut, qui rétablit l'ordre de la création. C'est avant tout dans le rapport de la femme à l'homme – mais dans l'ensemble : pour la femme comme pour l'homme dans leur vocation propre – que les mœurs consécutives à la chute (domination au lieu de royauté) et les lois (soumission à la place d'un droit égal à l'épanouissement) et surtout la « guerre des sexes » doivent être dépassées. Le mariage chrétien, mais aussi la « virginité évangélique » sont les voies d'un retour béni et libérateur dans l'ordre originel : l'ordre dans lequel la femme peut devenir pleinement consciente de sa relation à Dieu, à l'homme et à elle-même, l'ordre auquel elle peut être formée, et dans lequel elle est en mesure de sa frayer un chemin vers le sens et la vérité de la personne.

L'idée de nature recouvre les destinations de la femme visibles dans son corps : vie en couple et maternité. Cette référence au corps conduit, comme on l'a déjà indiqué, à la question de l'âme de la femme. Mais ce problème de l'« âme » doit être abordé sous deux points de vue : d'un côté l'âme est *forma corporis,* ce qui revient à dire l'ensemble de la structure de finalité et de fonction d'un être vivant que matérialise le corps ; d'un autre côté, les dispositions de l'âme comme objets de la psychologie descriptive montrent clairement comment les perturbations dans l'ordre de la nature exercent leurs effets typiques sur les individus concrets, reprises dans de nombreuses stylisations littéraires.

Nous citons ici deux typologies qui permettent de voir comment Edith Stein procède en psychologue attentive aux difficultés qui entravent ou compromettent le plus fortement la formation de la personne chez la femme.

§2. *Figures typiques*

Les notions de « type d'âme » et de « typologie » (psychologique) renvoient aux tentatives d'intégrer dans la psychologie des catégories qui, placées entre les définitions générales de l'espèce (être humain, femme) et les différenciations individuelles, rendraient possibles des distinctions de portée moyenne. Mais comme il s'agit toujours d'états de chose empiriques, on se trouve nécessairement dans le « désordre » de la nature déchue, ce qui n'empêche pas la pédagogie de dégager d'importantes « tendances fondamentales », à partir desquelles l'ensemble de la réalité en devenir –le donné et l'idéal – peut être décrit.

Le premier exemple appartient à la *typologie de l'irruption,* c'est-à-dire des femmes qui ont échoué à devenir une personne, ou qui y sont au contraire parvenu au point de réaliser un idéal. Il s'agit là de types littéraires hautement stylisés : la figure d'Ingunn dans « Olaf Andunssohn » de Sigrid Undset, la *Nora* d'Ibsen, et l'*Iphigénie* de Goethe.

Après un bref aperçu de ces drames et de ces romans, Edith Stein attire l'attention sur la « valeur de réalité des types choisis ». Les écrivains cités ici ne sont pas étrangers à la réalité ; ce qu'ils représentent sont des « types réels », « même si leur choix est quelque peu unilatéral ».[82] Ingunn, chez Undset, ne peut pas surmonter ce que sa psyché a de pesamment instinctuel. La faute dont elle s'est rendue coupable la pousse à un dévouement animal à son mari reconquis, qui ne peut lui donner que de l'amour physique.

L'âme de cette enfant de la nature est comme un champ que n'a jamais labouré une charrue. Il renferme des semences prêtes à germer, et la vie en elle s'éveille et frémit sous l'effet du rayonnement de la lumière venue d'au-delà des nuages. Mais les lourdes mottes doivent être cassées pour que la vie puisse percer.[83]

La Nora d'Ibsen « n'est pas une enfant de la nature mais a grandi dans un milieu moderne cultivé ». Le tragique de son existence consiste à se trouver dans les liens d'un mariage qui lui offre, au lieu de l'humanité, du pardon, de l'amour (elle a falsifié une lettre de change par amour pour son mari), un moralisme creux. Ici la culture, la loi et la société sont autant d'obstacles sur la voie de l'épanouissement humain. Mais ils produisent leurs effets sur une femme qui a grandi en enfant gâté et que rien n'avait préparée à prendre des décisions justes. Le type psychique est ici celui de la femme intelligente et vive, mais qui n'est maîtresse ni d'elle-même ni des situations liées au milieu auquel elle appartient.

Et au sujet de l'*Iphigénie* de Gœthe :

Le tracé classique du discours gœthéen, la grandeur sans apprêt et la sublime innocence de sa plus noble figure de femme, peuvent aujourd'hui sembler fort éloignés de la réalité. Certes, il s'agit bien d'une idéalisation, non d'une construction de l'imagination telle que la vie nous la donne à voir et à estimer accomplie. Ce qui s'est présenté à lui comme pure humanité et en même temps comme éternel féminin, le grand peintre qu'était le poète l'a tiré de lui-même (...) Et cela nous touche, comme seul peut toucher ce qui est entièrement authentique et éternellement vrai.[84]

On ne peut plus alors parler alors d'un « type » au sens qui vient d'être dit, car le lien entre la pure humanité comme but et l'éternel féminin comme origine rappelle l'ordre « perdu » de la nature ou de la création. Et pourtant il s'agit d'un type au sens où il se situe entre la réalité « défectueuse » et l'intégrité des commencements. D'une certaine manière archétype et type s'associent ici, ce qui mène Iphigénie aux frontières du sacré sans la rendre étrangère à la vraie féminité. Dans ce sens, elle serait aussi le pendant grec à l'héroïne juive. En deçà de ce qui les rend si dissemblables, Edith Stein reconnaît un « éternel féminin » commun :

Je trouve chez toutes une caractéristique commune : un désir de donner et recevoir l'amour, et en cela une aspiration à être arrachées à l'étroitesse de leur existence réelle présente pour s'élever jusqu'à un être et un agir plus hauts.[85]

Une deuxième typologie peut être vue comme *typologie des inversions*. Inversions, en ce sens que dans le type érotique, dans le type romantique et dans le type de l'esclave révoltée apparaissent trois altérations de la relation de la femme à l'homme. Le premier se dessine « quand l'attention et l'imagination sont captivées par la sexualité et quand le comportement tout entier se modifie en présence de personnes de l'autre sexe ». Dans le second type, c'est la tendance au rêve et à l'exaltation, à l'invention de héros imaginaires, qui perturbe ou rend impossible le rapport au réel. Le troisième type apparaît dans la figure de l'émancipée, « qui repousse non seulement la relation servile, mais aussi la subordination voulue par Dieu, et adopte une attitude de combat contre le sexe masculin ».[86]

Comme antitype, mais aussi comme image correctrice, Edith Stein mentionne le type de la femme « lucide et pratique » et celui de la femme « objective et intellectuelle », dans lesquels ces formes de dégénérescence s'effacent. Mais elle attire aussitôt l'attention sur quelque chose de singulièrement important : à cet avantage correspond peut-être aussi une faiblesse, à savoir une empreinte moindre de la nature féminine intacte. Cela pourrait signifier que ce n'est pas une éducation et une formation simplement correctrices qui peuvent conduire la femme à la pleine féminité, mais que seule la grâce d'une vie intérieure profondément religieuse peut y suffire. C'est par la grâce que la créature « renaît » à sa nature de femme, c'est par la grâce que la relation à l'homme redevient le reflet possible de la relation à Dieu.

2. La femme et l'homme

Deux passages essentiels portent sur l'essence et la vocation de l'homme. Comme dans le cas de la femme, Edith Stein insiste sur le hiatus qui sépare l'homme dans l'état primitif de la Création et l'homme dans le monde du péché. Là où, en harmonie avec la femme, il avait pour tâche de préserver sa propre ressemblance à Dieu, de dominer la terre et de perpétuer l'espèce humaine, son rapport à la femme, dénaturé par la faute, a dégénéré en une relation de domination et de subordination. C'est à l'homme qu'a d'abord été dévolu le dur combat pour l'existence.

Un premier motif de la réflexion est celui de la *préséance* de l'homme, qu'Edith Stein n'a jamais niée, mais dans laquelle elle introduit des différenciations intéressantes. Dans l'ordre de la Création « il n'est pas question d'une domination de la femme par l'homme ».

Tout au plus, « le fait que l'homme est créé le premier suggère une certaine position de préséance ».[87]

Cependant, il semble opportun d'envisager une « autorité » de genre différent dans les trois ordres de la Création, de la nature déchue et de la grâce. Le premier est signalé par le symbole « roi » ; le second par la « domination », dégénérée en un « asservissement » de la femme ; le troisième par la figure du Christ, fils de Dieu, incarné dans un homme. A ces trois figures correspondent la reine-Eve, puis la femme soumise ou alors « en perpétuel besoin d'émancipation », et enfin Marie, la Vierge-Mère.

Un autre motif est celui de la différence de nature des rapports entre corps et âme chez l'homme et chez la femme.

J'aimerais dire que déjà la relation de l'âme et du corps n'est pas tout à fait semblable, que le lien au corps est par nature chez la femme, en moyenne, plus intime. Il me semble que l'âme féminine vit plus intensément dans toutes les parties du corps, et y est présente, et qu'elle est intimement touchée par ce qui lui arrive, alors que chez l'homme le corps a plus fortement le caractère d'un outil, qui lui sert dans son travail, ce qui entraîne une certaine distanciation ».[88]

Pour le formuler brièvement : la femme vit son corps, l'homme a un corps. Cela ne se manifeste pas seulement dans le comportement général, mais est cohérent avec d'autres traits de caractère. L'homme recherche l'efficacité extérieure par l'action, le travail, le rendement objectif, plus qu'il n'incline vers l'être personnel, le sien ou celui des autres. Transposant cela sur l'attitude mentale, Edith Stein ne cesse d'affirmer que l'intelligence de la femme, conduite par l'affectivité, s'oriente en priorité vers ce qui est donné d'une manière globale et personnelle, tandis que l'homme enregistre les faits d'une manière plus analytique, avec une tendance plus marquée à la spécialisation :

L'effort de l'homme vise principalement à produire par un effort de connaissance et d'action. La force de la femme se manifeste dans la vie affective. Cela est en rapport avec son attachement à l'être personnel.[89]

L'affectivité n'est cependant pas une émotivité étrangère à la réflexion ; c'est une des forces morales associée à l'entendement et la volonté. Elle semble aussi avoir quelque chose en commun avec l'empathie :

Les mouvements et les dispositions du « cœur » (Gemüt) éveillent dans l'âme la conscience de son propre être, ce qui lui permet de comprendre l'importance de l'être d'autrui pour elle-même, ainsi que la qualité spécifique, et la valeur qui s'y rattache, des choses au dehors d'elle : personnes étrangères et choses impersonnelles.[90]

Cette saisie affective du tout, caractéristique de l'âme de la femme, ne peut cependant aboutir sans l'entendement et la volonté, car lorsque manquent l'éducation de l'intelligence et la culture de la volonté, la vie affective devient une activité sans direction ferme. A l'opposé, l'homme est exposé au danger de la dispersion. Cela montre combien chacun, homme ou femme, a besoin, pour la totalité de sa personne, de l'autre pôle comme force de direction et d'assistance. Sans cette relation intime au pôle masculin, et sans l'effort de restaurer, par la grâce, la pure nature féminine, on verra nécessairement réapparaître des dégénérescences typiquement féminines.

L'attention aux personnes se manifeste ordinairement dans une escalade malsaine : d'abord la tendance à intéresser exagérément les autres à sa propre personne (...) ; ou alors, un intérêt démesuré pour autrui (...), la volonté indiscrète de pénétrer dans la vie intime des autres. L'attention au tout mène facilement à l'éparpillement des énergies, à la répugnance pour la nécessaire éducation de l'objectivité (...). La compagne, d'agréable à vivre tourne en une présence obsédante qui ne tolère aucune maturation silencieuse et discrète, et qui, loin d'en favoriser l'épanouissement, l'entrave ; à la place du service joyeux s'impose la volonté de dominer.[91]

En ce qui concerne la « répartition des rôles professionnels » selon les critères masculins et féminins, Edith Stein est très réservée. Profession (*Beruf*) et vocation (*Berufung*) ne s'égalent pas.

Je crois, écrit-elle, *qu'il faut répondre non à la question (de savoir si l'ordre naturel exige une répartition des professions telle que certaines doivent être réservées aux hommes et d'autres aux femmes), car les différences individuelles font que certaines femmes se rapprochent du type masculin, et que certains hommes présente tout aussi nettement un type féminin, ce qui a pour conséquence que toute profession « masculine » peut être exercée avec succès par certaines femmes, et toute profession « féminine » également par des hommes.*[92]

3. Destins individuels

Les comparaisons des traits caractéristiques de l'homme et de la femme et l'analyse des défauts caractéristiques de la nature de la femme nous amènent à une question difficile : qu'en est-il des individus concrets ? Jusqu'à présent il n'a été question que de *la* femme, avec ses traits positifs et négatifs, de l'« espèce » femme ou homme, de traits de caractère « idéalisés » conformément à la méthode phénoménologique, et indispensables pour la mise au point de programmes pédagogiques. Et pourtant, il s'agit toujours à nouveau de la personne, qui est concrètement un individu, mais qui ne peut pas échapper au travail de réflexion. La formation, la promotion de la personnalité comme vocation de la femme, s'adresse à des individus, et non à des genres ou des types maintenus dans la généralité.

Edith Stein est consciente de cette difficulté ; elle écrit, dans le contexte de l'éducation des femmes :

On ne peut dessiner une image de l'individualité comme on esquisse une image idéale de l'humanité parfaite ou de la féminité accomplie. Il faut admettre que l'humanité pure, et la féminité pure, ne déterminent pas entièrement la finalité, et qu'ils ne peuvent se déployer que dans l'unité concrète d'une personne individuelle. Pour que l'humanité et la féminité authentique se réalisent dans un individu, il faut adopter plusieurs moyens et méthodes de formation ; il y faut avant tout la foi en son propre être et le courage d'être soi-même ; et en même temps la foi en une vocation individuelle à un engagement personnel déterminé, l'écoute d'un appel et la disposition à y répondre.[93]

Plusieurs points sont ici à retenir. Avant tout : l'individualité amène, comme chaque pédagogue le sait aujourd'hui, à un assouplissement des méthodes d'éducation, qui peut avoir l'inconvénient de briser les cadres dont un adolescent a absolument besoin. L'individualité est en fin de compte le moi qui se connaît lui-même, et qui se forme à ce qu'« il doit être de façon totalement personnelle », « qui va son propre chemin et qui travaille à son propre ouvrage ».[94]

C'est à partir de là que se différencient les « espaces éducatifs » que sont la famille, l'Etat, l'Eglise : d'une part comme instances qui donnent leur « forme » au contenu pédagogique, d'autre part, comme des ensembles dans lesquels les individus peuvent donner leur mesure, avant tout comme membres d'une collectivité naturelle, culturelle et sociale, ou mystique. La femme doit développer ses dons spécifiques dans la famille, la société et l'Eglise, chacune selon sa vocation personnelle et ses aptitudes objectivement attestées par l'expérience.

La façon dont elle le fait, dont elle entend et suit l'appel de sa vocation, dont elle reconnaît les correctifs grâce auxquels elle peut accéder à une objectivité plus rigoureuse (langagière, scientifique et philosophique), dont elle reconnaît aux côtés de qui elle doit se placer : tout cela est, en dernière analyse, le secret de tout individu.

On retiendra peut-être aussi qu'*individu* est une sorte de nom d'emprunt par lequel Edith Stein se désigne elle-même sans se nommer. Il semble donc justifié d'attendre de ces textes sur l'individualité, au-delà de l'anecdote, qu'ils nous permettent de jeter un regard sur ce qu'Edith Stein voulait garder pour elle. C'est en ce sens qu'on peut parler d'un autoportrait, quand elle détermine les buts de l'éducation des femmes.

Il y a enfin un modèle de la femme qui a reçu une vocation tout à fait individuelle ; un modèle dans lequel l'éternel féminin, lisible dans la nature de la femme, est sublimé en une vocation unique, un modèle dans lequel l'universalité essentielle se combine avec l'unicité existentielle : le modèle de Marie sous la forme double et imitable de la *mater-virgo. Mater* est le fondement naturel de la femme ; *virgo* est la « servante aimante ». C'est uniquement de la source de la *virginitas* intérieure que peut couler l'amour destiné à servir, « qui n'est ni sujétion servile, ni affirmation impérieuse de soi ou volonté de dominer ».[95] Mais la *virginitas* peut être vécue, concrètement et existentiellement, dans le mariage ou dans le célibat consacré. Epouse de l'homme, qui est l'image du Christ, ou épouse du Christ dans un rapport mystique de fiançailles tel qu'Edith Stein l'a dépeint d'après Jean de la Croix : ces deux voies sont ouvertes à la femme. La voie qu'elle choisit dépend d'elle ; ou disons mieux : dépend de l'écoute qu'elle prête à l'appel intérieur qui la conduit.

D'un mot : l'individu dirige l'attention au-delà de ce qui peut avoir une validité universelle et institutionnelle. Une théorie de l'éducation, même si elle ne peut pas délimiter objectivement l'individu, trouve en lui, dans sa liberté intérieure, à la fois ses limites et sa justification. Par exemple, l'Etat peut légitimement intervenir, par l'enseignement, dans la vie des citoyens, mais il travaille contre son propre intérêt lorsqu'il ne donne pas aux citoyens les moyens d'être, en dernier lieu, responsables de leurs libres décisions.

4. La situation de la femme dans l'Eglise

Le thème « Eglise » est délibérément situé dans la lumière de la « féminité », en ce sens que « l'Eglise, (…) est l'humanité nouvellement engendrée par le Christ, et sauvée »,[96] et que « la source de cette humanité est Marie ». Mais comme « chaque âme est purifiée par le baptême (…) et par là même engendrée par le Christ », mais dans l'Eglise et par l'Eglise, « l'Eglise est donc la mère de tous les sauvés ».[97]

C'est à partir de la *maternitas* de l'Eglise que s'éclaire la position de la femme dans l'Eglise : « La femme est l'instrument essentiel de la maternité surnaturelle de l'Eglise. Tout d'abord par sa maternité charnelle (…). Mais la participation de la femme à la maternité surnaturelle de l'Eglise va plus loin »[98] que l'achèvement de l'Eglise par la procréation naturelle. L'éveil de la vie de foi est une sublimation de la vocation à la maternité.

Le caractère de participation et d'analogie qui s'attache à ce rapprochement de l'Eglise et de la femme s'intensifie encore dans une analogie, peut-être audacieuse, mais au plus haut point impressionnante, entre le rapport Eve-Adam comme archétype de la position de la femme face à l'homme, et la relation Marie-Christ comme point de départ de la relation Eglise-Christ :

La naissance d'Eve tirée du côté du premier Adam est interprétée comme le modèle de la naissance de la nouvelle Eve – et il faut entendre par là d'abord Marie, et ensuite toute l'Eglise, tirée du côté ouvert du nouvel Adam.[99]

Eve-Marie-Eglise forment la chaîne d'une « histoire de l'Humanité » placée sous le signe de la maternité. La femme, dans le mariage chrétien, et encore plus dans l'état de virginité de « *sponsa Christi* », représente donc l'Eglise tout entière. Dans la mesure où Marie est « le symbole le plus achevé » et « l'organe incomparable de l'Eglise »[100] – elle est le cœur de l'Eglise là où le Christ en est la tête –, dans cette même mesure chaque femme est appelée à la dignité de *mater-virgo* dans l'Eglise à laquelle elle participe par connaturalité au plus profond d'elle-même.

S'il n'y a pas lieu de préciser plus avant tout ce que cela implique pour l'éducation des jeunes filles, et plus généralement pour l'éducation religieuse, avec sa part de vénération mariale, une question demeure encore sans réponse : comment se fait sentir dans l'Eglise la distinction entre « profession » et « vocation » ?

Hommes et femmes peuvent être appelés à l'état religieux, selon leur chemin de vie individuel. Et il n'y a là, entre homme et femme, que cette « différence essentielle » que « la fonction proprement sacerdotale est réservée aux hommes. Cela nous place devant la difficile question, très disputée aujourd'hui, du sacerdoce féminin ».[101]

Edith Stein constate que malgré tout l'amour et le dévouement témoignés au Christ par les saintes femmes, le Seigneur n'a conféré le sacerdoce à aucune femme, « non plus à sa mère, reine des apôtres, qui fut élevée au-dessus de l'ensemble de l'Humanité en perfection humaine et en plénitude de grâce ».[102] Elle décrit ensuite la situation dans l'Eglise primitive et souligne le fait que le diaconat était conféré aux femmes. En troisième lieu, elle parle de la suite du développement historique, qui a pour résultat « d'évincer les femmes de ces ministères »,[103] et de durcir la position du droit canon « sous l'influence de représentations venues de l'Ancien Testament et du droit romain ».[104]

Tout récemment – donc dans les années 30[105] – apparaît un « changement en raison d'une forte demande de forces féminines pour le travail caritatif en Eglise et l'aide pastorale »[106] ; il se trouve même des « théologiens clairvoyants capables d'aborder sans préjugés les revendications de mouvements féministes, et d'examiner jusqu'à quel point elles seraient compatibles avec les fondements de la “Weltanschauung” catholique, ce qui en fait les pionniers du mouvement catholique des femmes ».[107] A partir de là, une voie pourrait-elle s'amorcer, qui mènerait au sacerdoce féminin ? Sur ce point, c'est une réponse négative qui se fait entendre. Mais on peut se demander si elle est accompagnée, en sourdine, d'un « malheureusement », ou si cela tient, selon Edith Stein, à la chose même :

J'ai expliqué en une autre occasion que personnellement je ne crois pas à une évolution menant à l'admission de la femme à la prêtrise.[108]

Cette déclaration fait référence à une évolution à laquelle nous assistons aujourd'hui, mais qui vraisemblablement passera par une promotion parallèle du diaconat tant masculin que féminin, et d'une reconsidération de la règle sur le célibat des prêtres séculiers.

L'éducation n'est pas formellement, chez Edith Stein, l'objet d'une science, bien qu'il soit question d'une *Erziehungswissenschaft,* de sciences de l'éducation et de pédagogie. Ce qu'elle dit au sujet de l'éducation des jeunes filles est nourri d'expériences recueillies durant ses années d'enseignement à Speyer, et s'appuie, comme on vient de le voir, sur des considérations relatives à la nature et la vocation de femme. Et le cours qu'elle préparait pour le semestre d'hiver 1932/33 de l'Académie pédagogique de Münster, publié sous le titre *Der Aufbau der menschlichen Person,* porte un fait sur une anthropologie philosophique[109] conçue comme le fondement d'une pédagogie chrétienne. Edith Stein y reprend pratiquement tous les thèmes développés dans sa philosophie de la personne, mais insiste à dire que la pédagogie – ou la science de l'éducation – est « une théorie de la formation de l'homme » et qu'elle doit « s'intégrer organiquement dans une conception générale du monde, c'est-à-dire dans une *métaphysique,* et « l'idée de l'homme est la partie de cette conception d'ensemble à laquelle elle [la pédagogie] se rattache directement. »[110]

Suit un exposé des principales « idéologies » à prolongements pédagogiques : l'idéalisme, la psychologie des profondeurs, la philosophie de l'existence (Heidegger) et enfin la conception chrétienne de l'homme dont le développement pédagogique est décrit dans des pages remarquables :

Une pédagogie chrétienne sera attentive, sans mépriser les moyens de la psychologie et des sciences humaines, à se doter d'une conception de l'homme telle que nous la présente la Vérité révélée. Elle tirera profit des sources de la révélation, mais également des penseurs chrétiens, de ceux qui voient dans la révélation une source de vérité et une assurance contre les erreurs auxquelles la raison naturelle est exposée. Elle cherchera à discerner, à travers la révélation, les finalités de l'homme, car tout projet pédagogique doit s'orienter vers une fin ultime. On trouvera là aussi des lumières sur le sens de l'activité pédagogique et sur ses limites.

En ce qui concerne les lumières humaines, on ajoutera ceci à ce qui fut dit précédemment (lors de la confrontation avec l'humanisme, la psychologie des profondeurs et l'existentialisme) : Pour parvenir à une idée de l'humanité parfaite, plusieurs s'ouvrent devant nous : dans le premier Homme avant la chute, et dans l'humanité du Christ. Ainsi les enseignements sur l'état primordial et sur la nature humaine du Sauveur sont importants pour dessiner l'image idéale de la nature humaine. On remarquera en plus que la révélation ne présente pas qu'une figure générale de l'Homme, mais qu'elle respecte la différence des sexes et des individus. Elle peut donc, au-delà de la fin commune à tous les hommes, différencier les buts selon les spécificités des sexes et des individus.

Pour comprendre l'activité pédagogique, la doctrine de l'unité du genre humain, le respect de la nature humaine transmise par les parents originaires à toutes les générations ultérieures, l'inscription des parents, comme cause instrumentale, dans l'activité créatrice divine par la procréation, et de la providence divine par l'éducation : voilà qui constitue une responsabilité parentale d'un côté, un besoin d'éducation de l'autre. La nature de l'homme comme esprit – raison et liberté – exige une dimension spirituelle de la pratique pédagogique : un échange entre l'éducateur et l'éduqué, susceptible de tenir compte du caractère progressif de l'éveil de l'esprit, dans lequel l'activité conductrice de l'éducateur le cède peu à peu à l'activité propre de l'élève, pour enfin le livrer à son initiative et à son auto-éducation. Les limites dont l'éducateur doit être conscient sont données avec la nature de l'élève, dont on ne peut pas tirer tout et n'importe quoi, avec sa liberté, qui peut s'opposer à l'éducation et l'entraver lourdement, et finalement avec les incompétences de l'éducateur lui-même : les limites de ses connaissances, qui même avec la meilleure volonté, ne peuvent s'étendre à toute la nature de l'élève. (On songera surtout à ce que l'individualité conserve de secret, et au fait que chaque génération apporte quelque chose de nouveau, que les anciens ne peuvent saisir directement.) Tout cela rappelle que le véritable Educateur est Dieu, qui est seul à connaître chacun jusqu'en son for intérieur, qui seul sait à quoi est destiné chacun, et qui sait quels moyens user pour l'amener à cette fin. Les éducateurs humains ne sont que des instruments dans la main de Dieu.

On voit clairement ce qui en découle pour l'éducateur catholique. D'abord un profond et saint respect des jeunes qui lui sont confiés. Créés par Dieu, ils portent en eux un destin correspondant. Toute intervention arbitraire serait une manière de gâcher le plan divin. Dans la nature humaine et dans la nature individuelle de chacun se lit la « loi de programmation » de son éducation, à laquelle l'éducateur doit s'adapter. La science (psychologie, anthropologie, sociologie) lui apportent d'importantes connaissances sur la nature humaine, et sur la configuration des jeunes en tant que tels. Mais l'individualité, il ne peut l'atteindre que par un contact spirituel vivant : l'acte de compréhension qui sait interpréter le langage de l'âme dans ses diverses formes d'expression (le regard, la mimique, l'attitude, l'expression orale ou écrite, l'activité pratique ou créatrice), peut pénétrer dans les profondeurs. Mais la voie ne lui est ouverte que si l'âme se découvre sans crainte, si le processus originaire de déploiement et de formation venant de l'intérieur n'est pas interrompu. Chez l'enfant encore tout à fait ingénu, nous avons des jaillissements spontanés de vie. Chez lui, le jeu des yeux et des mimiques, ses paroles insouciantes, sont un véritable miroir de l'âme. Mais aujourd'hui, même les plus petits que nous recevons dans nos classes ne sont souvent plus des enfants spontanés. Nombreux sont ceux qui se sont déjà repliés en eux-mêmes, qui se sont fermés vers le dehors ; ils ne peuvent ou ne veulent plus se développer et s'exprimer librement : le regard de l'éducateur se heurte à un mur. Il devra donc d'abord ouvrir ce qui a été fermé. Aucun arbitraire n'y parviendra. Seul un regard d'amour – du véritable et saint amour responsable de l'éducateur – qui ne perd pas l'enfant des yeux, découvrira un jour une brèche par laquelle il pourra pénétrer et travailler à abattre ces murs. Mais il arrive trop souvent que l'éducateur, par maladresse, se rende lui-même coupable de ces attitudes renfermées. Lorsque l'âme qui s'est naïvement confiée rencontre de l'incompréhension ou une froide indifférence, elle se referme. Mais également là où elle ressent à son égard, au lieu d'une affection spontanée, une observation consciente et une volonté systématique d'investigation. Ou lorsqu'elle suppute une intrusion dans son for interne, dont elle voudrait se garder. L'éducateur a besoin de connaître l'âme de l'enfant. Mais seul l'amour et un saint respect, qui ne cherche pas à ouvrir violemment ce qui est encore fermé, peut parvenir à la découvrir.

Connaître l'enfant, c'est aussi sentir quelque chose de l'orientation déposée dans sa nature. On ne peut pas former les hommes dans un but identique pour tous, ni selon un schéma unique. Donner de l'espace à la personnalité de l'enfant est un moyen essentiel pour apprendre à discerner l'orientation de chacun. Mais cela n'exclut pas l'activité de l'éducateur. S'il ne fait que « laisser pousser », il ne fait pas son travail. Si le germe doit donner un être accompli, doit se développer en plénitude, il faut que le terrain soit entretenu et protégé, et tant de choses doivent être attachées et taillées. La suractivité et la passivité sont des défauts contraires dans le travail et l'éducation. C'est une voie entre deux abîmes que l'éducateur doit franchir, et il est responsable devant Dieu de ne glisser ni à gauche ni à droite. Et il ne peut la suivre qu'en avançant prudemment. Ce qui doit le fortifier dans ce parcours périlleux, c'est justement de se demander ce qui fait que ce travail soit si redoutable : savoir que c'est l'œuvre de Dieu à laquelle il collabore. Il est responsable de faire ce qui lui revient. Mais quand il donne son dû, il peut aussi admettre avec confiance que ses insuffisances ne vont rien gâter et que ce qu'il ne sait pas faire lui-même se fera par d'autres voies.

S'il est pénétré de l'idée qui finalement l'éducation est l'affaire de Dieu, il travaillera à éveiller cette certitude chez l'enfant. Ce n'est qu'ainsi que la tâche de toute éducation, qui est d'aider à passer de l'être-éduqué à l'éducation de soi-même, trouve sa juste solution. Savoir qu'il est « signé » dans les mains de Dieu et qu'il a une destinée voulue par Dieu, cette foi doit aussi créer dans un jeune cet ensemble de responsabilité et de confiance qui fait également l'attitude juste de l'éducateur.

Responsabilité : se former à ce pourquoi on est fait. Confiance : savoir qu'on n'est pas seul à affronter cette tâche, mais qu'on est en droit d'attendre que la grâce parachève ce qui est au-dessus de ses forces. Ce n'est que lorsque, chez l'un comme chez l'autre, chez l'éducateur et chez l'élève, cette foi est vivante, qu'est donnée le fondement objectif d'une relation juste entre les deux : cette confiance pure et joyeuse, plus forte que toute inclination humaine, que tous deux travaillent à une œuvre qui n'est l'affaire personnelle ni de l'un ni de l'autre, mais bien l'affaire de Dieu.[111]

La fin du traité ouvre de larges perspectives sur les conditions et modulations sociales de l'existence humaine, et reprend des thèmes que nous développons dans le chapitre suivant alors même qu'ils précèdent largement les travaux sur la femme et sur l'éducation.

Chapitre VI

L'ETAT ET LA SOCIÉTÉ

En 1970 ont paru dans une nouvelle édition, indépendante des *Werke*, deux des travaux d'Edith Stein publiés dans le *Jahrbuch für Phänomenologie und philosophische Forschung* : « Contributions au fondement philosophique de la psychologie et des sciences humaines » (*Beiträge zur philosophischen Begründung der Psychologie und der Geisteswissenschaften*), et « Une recherche sur l'Etat » (*Eine Untersuchung über den Staat*).[112] Ces textes (aujourd'hui séparés dans la nouvelle édition) sont non seulement chronologiquement proches : le premier parut en 1922, le second en 1925, mais se recouvrent dans le thème de la communauté.

Ces études étaient conçues comme des thèses d'habilitation – irrecevables cependant, puisque l'auteur était une femme. Mais ce qui les lie est à la fois la méthode appliquée, encore tout à fait phénoménologique, et le thème de la communauté.

L'éclairage psycho-sociologique de la communauté dans le premier ouvrage se reflète, encore que sous une forme modifiée, dans la « Recherche sur l'Etat ». Si la deuxième partie des *Beiträge* s'intitule : « Individu et communauté », le premier paragraphe de la *Untersuchung* est consacré à la communauté constituée en Etat.

Le tour phénoménologique de ces travaux apparaît également dans le concept de « structure ontique » qui se répète dans trois ouvrages avec des accentuations toujours nouvelles. Dans les *Beiträge*, où il est question de la structure ontique de la communauté ; dans l'*Untersuchung*, où il s'agit de la structure ontique de l'Etat ; dans « La structure ontique de la personne », dont il a été question plus haut.

Par « structure ontique » on entend ce qui, dans un organisme, est l'essence permanente : ce qui reste inchangé, ce qui constitue la chose dans son identité, ce qui est vrai et reste vrai dans un existant. On serait en droit de renvoyer au concept platonicien des idées, comme au concept aristotélicien de forme ou de nature : nature, non pas comme unité de l'être et du devoir-être ; idée, non pas comme exemple et modèle durable ; structure ontique comme connexion essentielle de traits sans lesquels un organisme, par exemple un Etat, ne peut plus être un authentique Etat (sans considération de la qualité, bonne ou mauvaise, de cet organisme).

La marque spécifiquement steinienne se reconnaît par l'insistance sur la personne, mise en rapport tant avec la communauté qu'avec l'Etat.

1. La communauté comme personne

La communauté est une personne en ce sens que l'on y rencontre des forces vitales, spirituelles, morales. D'autre part, la communauté est la forme la plus « personnalisée » de la vie en commun, comparée à la masse et à la société. La première ressemble à un corps simple, indifférencié. La seconde, dans ses diverses fonctions, à une entreprise anonyme – ou, en tant que construction volontaire, à une association. Au contraire, la communauté a une âme, un esprit, un destin. La référence à la personne s'impose.

Personne et communauté semblent être soudées dans une éthique du *nous* (comme c'est le cas chez Emmanuel Mounier). L'affinité entre Edith Stein et le fondateur du mouvement Esprit est indéniable, notamment par l'intermédiaire de Max Scheler. On note cependant entre eux une différence sensible : chez Edith Stein, l'Etat est plus fortement lié à la communauté, alors même que la dignité de la personne lui est refusée. Chez Emmanuel Mounier, l'Etat est regardé principalement comme une fonction de la société, qu'il s'agisse de l'Etat en soi ou de l'Etat moderne, institution des démocraties libérales et individualistes. Edith Stein se préoccupe plus d'une reviviscence de l'Etat que d'une « révolution morale ». L'Etat doit pouvoir vivre de la richesse de la communauté historique d'un peuple, car, en tant que « forme vide », il ne vit que de celui-ci.

La communauté est une personne collective. L'Etat lui donne la forme de la communauté étatique, donc de la nation. Mais l'Etat lui-même n'est pas une personne, et n'a donc pas d'âme. Cependant il est le support d'une individualité (mais impersonnelle), d'un « moi » qui constitue la souveraineté de l'Etat. La différence entre individu et personne n'est pas ici de nature morale (par exemple entre sauvegarde des intérêts privés et capacité de dévouement gratuit), mais distingue, dans la nation, la destinée commune qui la caractérise comme personne collective, et la communauté étatique qui doit se comprendre comme le contenu d'un individu *sui generis :* l'Etat.

Empruntant à la personne le modèle nécessaire pour comprendre la communauté, et reconnaissant dans l'Etat un moment d'égoïté, Edith Stein puise d'un côté dans les sciences humaines, de l'autre dans une théorie du droit de type tout à fait original. Le § 4 dd de la seconde partie, section II des *Beiträge* sur *Caractère, âme et esprit de la communauté* est une introduction remarquable à cette problématique.

Dans la mesure où la communauté de vie est réalisée, ce n'est plus le particulier qui agit, mais la communauté en lui et par lui. Et plus la vie communautaire atteint des couches personnelles profondes, plus le particulier est imprégné en profondeur par le caractère de la communauté, et plus on est en droit de parler d'un « caractère » de la communauté dans le sens spécifique du terme (...). Dans la mesure où le caractère est une capacité d'action dirigée vers l'extérieur, de nature déterminée, le caractère de la communauté se détache nettement de celui de ses membres. Mais nous ne savons pas encore si nous pouvons lui reconnaître une « âme », avec des qualités inhérentes à son être-auprès-de-soi, et indépendamment de toute manifestation extérieure. J'admets que là où des individus ne font vraiment qu'un avec leur for intérieur, avec leur âme, on doit absolument parler d'une âme de la communauté qu'ils constituent (...) là où des personnes vivent en commun sans être dévouées intérieurement les unes aux autres et à la communauté, on ne peut parler d'une âme de la communauté. (...)

Se pose alors la question de savoir s'il faut distinguer l'âme et l'esprit de la communauté, comme cela s'impose pour la personne.

(...) Conférer l'esprit à une communauté revient à attribuer des caractères personnels à un individu. Dans les deux cas, il s'agit d'une unité qualitative qui régit les expressions existentielles de la personnalité individuelle ou collective, et qui les caractérise comme appartenant au domaine de cette personnalité. Si le centre de cette configuration homogène de l'individu ou de la communauté se trouve en eux-mêmes, alors nous leur attribuons une « âme ».[113]

Ces déclarations montrent de façon convaincante comment sont tirées de l'essence spirituelle de la personne humaine des catégories indispensables pour saisir le milieu humain produit par le jeu social. Les catégories sont celles du caractère, de la personnalité, de l'esprit, de l'âme, de l'énergie tournée vers le monde extérieur, ou du retour à soi et de l'instance *en* soi. Elles sont toutes transmissibles – hormis le « noyau » d'une subjectivité inobjectivable, le secret de chacun, avant tout dans la rencontre avec Dieu.

Les communautés ont seulement un destin commun, historique, mais nullement immortel. Cela demeure le privilège de la personne au plein sens du terme. D'autre part c'est plutôt le moi pur que le moi personnel qui est invoqué pour l'établissement d'une analogie entre l'homme et l'Etat.

2. Peuple et nation

Dans *Aufbau der menschlichen Person*, Edith Stein revient sur des thèmes développés dix ans auparavant dans les *Beiträge* et dans le traité sur l'Etat. Mais l'insistance sur le peuple est peut-être liée à la situation spécifique de l'Allemagne où l'idéologie nazi, qui glorifie le *Volk* et la pureté raciale appelle une réplique.

La communauté du peuple peut reposer sur une communauté du sang, mais elle ne la présuppose pas nécessairement. C'est-à-dire qu'il n'est pas nécessaire que tout ce qui s'intègre à la communauté d'un peuple soit de même origine. Il peut se faire que différents peuples en viennent, par le mélange des sangs, à constituer un unique peuple lié dans une nouvelle communauté. Mais il est également possible que des peuples distincts entrent en symbiose historique sans pour autant mêler leur sang.

La communauté de sang ne suffit pas pour fonder un peuple, il y faut une communauté spirituelle.

Le peuple et l'Etat ne coïncident pas : en règle générale, un peuple s'intègre à un Etat, c'est-à-dire qu'il est appelé « spirituellement » à se donner la forme d'un Etat. Mais il se peut qu'un peuple meure sans avoir atteint cette organisation étatique. Et il se peut qu'un peuple survive à son Etat. Il est également possible que la fondation de l'Etat précède la naissance d'une « conscience du peuple » et qu'il en soit le fondement, comme c'est le cas en Amérique du Nord. (C'est l'exception d'une fondation rationnelle de l'Etat selon le modèle du « Contrat social » de Rousseau.)[114]

D'autres considérations portent sur la nature des liens de l'individu à la communauté du peuple, sur la possibilité de se détacher de cette communauté, mais avant tout sur la conscience du nécessaire ancrage dans un peuple :

(...) la réalisation vivante de ce qu'est le peuple allemand, et en même temps l'identification avec le nous dans lequel nous vivons n'apparaît en général vraiment que lorsque nous sommes nous-mêmes « pris par l'histoire », c'est-à-dire les témoins et les participants d'événements historiques déterminants. En de semblables temps critiques, on prend conscience de ce que les actes de chacun comptent pour tous, ce qui appelle à la responsabilité. Et lorsque le peuple est menacé dans son âme (Volkstum)*, on commence à comprendre ce qu'il représente, ce qu'on lui doit et combien profondément sa propre vie y est ancrée. Ce n'est que là où une telle conscience s'éveille que l'on peut parler d'une nation ; et lorsque cette spécificité est ressentie comme une valeur, on peut aussi parler d'un sentiment national.*[115]

3. L'Etat souverain

L'Etat, on l'a vu est distinct du peuple, mais il a avec la personne une affinité distincte de celle qui inscrit la personne individuelle dans celle, collective, du peuple. C'est la *souveraineté.*

La souveraineté comme principal signe distinctif de l'Etat renvoie – en ce qui concerne sa théorisation – à une double source : la source aristotélicienne de l'*autarkia* (littéralement : autosuffisance), et la source fichtéenne de la thèse de soi et de l'autosuffisance du moi absolu. Thèse de soi et autosuffisance caractérisent non seulement Dieu, mais aussi l'Etat, dans la mesure où la naissance de la communauté étatique coïncide avec l'accès à la souveraineté ; celle-ci introduit à son tour une analogie avec la personne puisqu'elle est à même, en tant que sujet de la liberté, de se gouverner elle-même.

Dans l'organisation de l'Etat, la souveraineté joue un rôle analogue à celui de la liberté dans la structure de la personne individuelle.

Nous disons d'une personne qu'elle est libre dans la mesure où elle exécute des actions spontanées et par là se gouverne elle-même. Et cette liberté est inséparable de la personnalité. La souveraineté est liberté dans le sens ultime, avec cette seule différence que ce qui se gouverne soi-même est ici un tout social et tous les actes s'en trouvent marqués de façon correspondante. Et si un Etat est dépouillé de sa souveraineté et qu'il soit soumis aux dispositions et aux ordres d'un autre, alors il est privé de son statut d'Etat, tout comme un individu est privé de sa personnalité si, toute sa spontanéité étant anéantie, il est enchaîné à la volonté d'autrui.[116]

Cette réflexion sur l'analogie entre l'Etat et l'individu peut-elle être poursuivie jusqu'au point où l'on peut dire que « le sujet libre comme tel est totalement exposé au vide » ; que « le Soi qu'il possède est tout à fait vide », incapable d'aucun mouvement de l'âme aussi longtemps qu'il ne se rattache pas à un royaume supérieur ?[117] La réponse est que « la vie de l'Etat est entièrement comprise dans le domaine de la liberté, qu'il s'épuise dans des actes libres. Pourtant c'est dans la vie sociale, dans la communauté populaire qu'il a un contenu et qu'il trouve une orientation. »[118]

La maîtrise d'un sujet sur lui-même est, en ce sens, une expression de sa liberté ; une expression du fait qu'il ne dépend plus d'influences extérieures, qu'il n'est donc plus déterminé par des circonstances ou des mobiles extérieurs mais capable d'agir à partir de son propre moi. De plus, il y va de la « constitution » du moi étatique. Puisque l'avènement du moi est non-génétique, non temporel, non-historique – un *fiat* –, il peut être transposé à l'Etat.

Autodétermination est le nom du pendant politique de l'autonomie du moi. « L'Etat, c'est moi » n'est pas l'assimilation d'une personne concrète, Louis XIV, avec l'appareil d'Etat, mais l'essence de l'Etat comme « moi » de la communauté nationale : l'Etat est un moi.

D'autre part la mise en parallèle de la liberté politique et de la souveraineté de l'Etat donne à comprendre la raison pour laquelle on a tendance à voir dans l'Etat plutôt que dans le peuple une "personne", bien que d'un autre point de vue (que l'on songe aux particularités de caractère) le peuple paraisse se rapprocher davantage de la personnalité individuelle.

« Le peuple – selon son état essentiel – est une communauté de personnes et peut accomplir des actes libres. Mais la liberté, qui est la spécificité de la personne, ne joue pas ici et là le même rôle constitutif. La vie du peuple s'écoule en grande partie sous la forme de prises de position et de manières d'agir instinctives. La vie de l'Etat est tout entière circonscrite dans le domaine de la liberté, elle s'épuise en actes libres ».[119]

En ce qui concerne ces analogies, on peut encore ajouter ceci : pour la personne, que sa liberté « enchaîne » à elle-même, comme pour l'Etat selon sa souveraineté, l'existence, autrement dit *la vie dans l'histoire*, n'est possible que dans une réalité substantielle. Pour ce qui est de la personne, c'est le royaume de la nature ou de la grâce ; pour l'Etat, c'est la communauté nationale qui anime celui-ci. C'est ainsi que se présentent les deux pôles du caractère vivant de la communauté et du caractère formel de l'Etat. L'Etat contient toujours comme condition de son *existence* un peuple ou une multiplicité de peuples, qui possèdent leur propre personnalité. Un peuple peut conserver cette personnalité même lorsqu'il ne revêt plus la forme d'un Etat. Au contraire un Etat sans peuple est un pur être de raison – racine de la raison d'Etat. Si un peuple est le contenu et la vie de l'Etat, l'Etat garantit au peuple, selon son essence concentrée dans la souveraineté, un ordre de droit et un nouveau statut international, une nouvelle dimension de sa personnalité.

Edith Stein se consacre à l'ordre de droit, pour des raisons aussi bien personnelles que scientifiques. Par « raisons personnelles » il faut entendre qu'Adolf Reinach (comme assistant de Husserl) lui fut très proche, qu'elle a partagé sa phénoménologie rigoureusement objectiviste,[120] et que probablement la théorie du droit de Reinach a stimulé son intérêt pour le thème de l'Etat. Les raisons scientifiques gisent précisément dans cette théorie des lois intemporelles, inconditionnelles et a priori du droit.

Le dessein de lier la théorie du droit de Reinach avec une recherche sur la structure essentielle, inaltérable, c'est-à-dire intemporelle, de l'Etat, présentait cependant un risque scientifique, puisque rien ne semble être plus lié à l'histoire que les circonstances dans lesquelles les peuples se donnent leurs institutions politiques ou doivent de se les voir imposer. Ici la phénoménologie de l'Etat est imprégnée d'un modèle dont la philosophe ne fait pas mystère : Les développements qui suivent ne sont en grande partie que les prolongements des développements d'Adolf Reinach [sur la sphère du droit pur].[121]

4. L'Etat à la lumière du droit

Les « Fondements a priori du droit civil » d'Adolf Reinach se distinguent de toutes les tentatives d'abstraire de la pratique empirique du droit positif des dispositions de validité universelle, ainsi que de toute formulation d'origine religieuse ou rationnelle d'un « droit naturel ». Les théories de Reinach n'ont en commun avec la *Théorie du droit pur* de Hans Kelsen que la référence à un a priori de validité universelle pour le droit ; mais alors qu'il s'agit pour Kelsen de formes a priori du droit positif, nettement distinguée des déterminations a posteriori d'une pratique du droit dépendant des circonstances, et d'une théorie de l'origine concrète des règles de droit – alors donc qu'il s'agit avant tout des conditions d'une possibilité d'un ordre du droit pleinement cohérent dans sa rationalité spécifique, Reinach se propose d'explorer ce qu'il y a de plus singulier dans les entités juridiques et les principes de droit qui les expriment. Il est à la recherche du contenu central essentiel de ces éléments de droit qui pour tout droit, indépendamment de la connaissance que nous en prenons, sont valables en toute objectivité, et auxquels la pratique concrète du droit n'ajoute rien et ne porte en rien atteinte.

De même qu'une norme logique a une validité inconditionnelle qui ne peut donc être réduite à des actes de pensée et formulée en inférences correctement construites, de même il y a des règles de droit inconditionnelles qui sont valides en soi. Reinach fait allusion à des principes a priori qu'aucune pratique n'a jamais mis en œuvre, et qu'aucun législateur n'a jamais appelés à l'existence comme condition de l'exercice du droit.

Cette position témoigne de l'exploitation des « Recherches logiques » de Husserl dans le domaine du droit. En ce qui concerne Edith Stein, elle retient de cette théorie du droit la possibilité de concevoir l'Etat dans son essence hors des circonstances et des conditions historico-sociologiques et psychologiques, tout en préservant la relation entre une théorie de l'Etat et une philosophie de la personne. D'autre part, la séparation entre droit pur et droit naturel permet de soustraire à l'Etat la personne ouverte à un « monde des valeurs », pour parler comme Max Scheler. Comme sujet du droit et source du droit positif, l'Etat n'a, de lui-même, rapport qu'aux a priori juridiques et non aux valeurs spirituelles. Seule la personne peut prendre sur elle une responsabilité éthique. Elle seule peut, dans le cadre essentiellement juridique de l'Etat, assurer à son activité concrète un fondement éthique.

5. Force et faiblesse de l'Etat

La théorie du « moi vide » comme celle de l'a priori du droit mettent en évidence les contraintes inouïes qui limitent les possibilités de manœuvre de l'Etat dans la mesure où celui-ci a pour essence la souveraineté. Bien loin d'accentuer la toute-puissance de l'Etat, sa souveraineté montre combien il dépend dans la pratique juridique du souci de sa propre conservation. La nature apparemment si puissante de l'Etat est-elle plus une autocratie fragile qu'une puissance s'imposant impérieusement vers l'extérieur ? La contrainte formelle que subit l'Etat, et de ce fait la structure de son autorité, apparaissent sous des traits rigoureux :

Si la relation d'autorité constitue la substance de l'Etat, le maintien de ce rapport est le seul critère qui lui soit donné par son propre sens. Il doit ordonner et déterminer ce qui est nécessaire à cette fin. Il est en droit de déterminer et d'ordonner tout ce qui ne fait pas obstacle, mais rien qui puisse empêcher la réalisation de ce but. En revanche, on compte parmi les actes requis le châtiment de toute rébellion contre l'autorité de l'Etat, la défense du territoire national contre toute attaque, etc. Ne fait proprement problème que le domaine de ce qui est permis par le sens de l'Etat. Ce que d'ordinaire les théories politiques présentent comme la « finalité » ou la « mission » de l'Etat (construire un « royaume de la moralité », veiller au libre développement de la nation, assurer le bien-être social, etc.) n'a pas d'autre lieu que celui-ci.[122]

Toutes ces remarques se rapportent à un être qui est « essentiellement » ordonné à sa propre conservation, dont la conservation dépend donc aussi de la communauté à laquelle il confère forme et qualité. Ainsi à la souveraineté correspondent l'autonomie de la communauté et l'indépendance de la nation.

L'Etat n'est ni un Léviathan ni une super-institution qui tient en tutelle toutes les institutions partielles. C'est une structure de liberté, ayant besoin pour fonctionner de personnes à plein temps qui gouvernent et administrent en son nom, et par là même l'aident à atteindre une taille « humaine ». La plus grande difficulté théorique en matière d'Etat est qu'il n'est pas au service de quelque chose d'autre (par exemple de la société civile ou d'un idéal), mais qu'il mandate et habilite des personnes à agir en son nom, de façon « autorisée » : le service de l'Etat est un service à l'Etat.

Rien n'oblige l'Etat selon son sens propre à se mettre au service de la loi morale, à être un « royaume de la moralité ». Le royaume de Satan peut être aussi parfaitement Etat que le royaume de Dieu. La seule question est de savoir comment l'un ou l'autre de ces « esprits » peut s'emparer du contenu des dispositions de l'Etat, et ainsi imprimer sa marque à l'ensemble étatique concret, si l'Etat en tant que tel ne le prescrit pas et n'a aucun organe qui lui corresponde. Nous avons déjà vu que l'Etat, parce qu'il demeure dans la sphère de la liberté, est en soi inachevé et doit recevoir d'ailleurs les orientations de son activité.[123]

La formulation est délibérément provocante et annonce déjà ce qui va suivre. Dans « La structure ontique de la personne » il est question d'un royaume de la hauteur et de la profondeur, lesquelles, en dépit de la différence radicale entre les esprits qui y dominent, ne modifient pas le « soi pur » de la personne, l'« immobilité punctiforme » de la liberté. Quand on dit que l'Etat persévère dans la liberté, cette persévérance est à mettre en parallèle avec la liberté vide de la personne. L'analogie déjà signalée entre le moi et l'Etat se voit corroborée. Edith Stein attire l'attention sur le fait que l'Etat ne peut recevoir les suggestions et les impulsions nécessaires de l'extérieur que de ceux qui se placent au service de l'Etat – directement ou indirectement, comme hommes politiques ou comme citoyens intéressés à la politique active.

Par là même s'éclairent aussi les concepts de « sens » et de « sentiment » relativement à l'Etat. Par *sens* on entend ce qu'un étant peut faire ou doit faire en raison de son essence, en vertu de quoi il peut viser des valeurs qui se trouvent en correspondance avec cette essence. Or ni les valeurs vitales ni les valeurs morales ne correspondent à l'essence de l'Etat. Au contraire, les valeurs de liberté, comme l'indépendance et l'autonomie, sont placées précisément sous la responsabilité de l'Etat. Pour durer, l'Etat doit pour ainsi dire contraindre un peuple à l'indépendance. Dans ce cas un peuple doit apporter son habitus culturel et sa vocation à la constitution d'une nation, mais son indépendance a sa racine dans l'Etat. Sans Etat souverain le peuple ne peut pas se former et exprimer une volonté libre. On voit bien transparaître ici « l'Etat comme liberté réalisée » de Hegel. Que l'Etat recueille la substance de la conscience du moi réduit la théorie génétique du contrat à un contenu minimal de vérité.

Tout ce qui dépasse la sphère essentielle de l'Etat : valeurs de liberté et droit de commander, dépend de la richesse et de la créativité du peuple. Comme Paul Lenz-Médoc l'a formulé excellemment dans un des rares commentaires de cette philosophie d'Etat : « L'existence de l'Etat repose dans les mains de l'homme, et dépend beaucoup plus de lui que lui n'est dépendant de l'Etat ».[124]

Edith Stein a certainement pensé à la situation de l'Allemagne alors même qu'elle traite de l'Etat en soi et quand elle prend en considération différentes espèces d'Etats (Etats uninationaux ou plurinationaux) sans prêter attention à des situations historico-politiques. En 1925, la République de Weimar apparaît comme une construction fragile. Les forces politiques sont en ruines. Un nouveau contrat devrait unir Etat et peuple, et les valeurs de la société devraient acquérir une nouvelle crédibilité dans l'indépendance nationale, elle-même perçue et souhaitée comme la traduction puissante de la souveraineté de l'Etat.

6. L'Etat et le citoyen. La plus-value de l'Etat

Au-delà des conditionnements historiques, il faut reconnaître à Edith Stein le grand mérite d'avoir réexaminé quelques idées bien ancrées, notamment celles des relations entre l'Etat et le citoyen. Si chaque liberté doit être – comme on l'entend dire si souvent – arrachée ou imposée à l'Etat, si la relation à l'Etat est assimilée à une servitude, alors l'avenir ne peut être que celui d'un dépérissement de l'Etat, c'est-à-dire d'une anarchie, quel que soit son « ordre » formel. Si cela devait être l'expérience et l'espérance de l'histoire, même sous la forme douce du slogan libéral du « moins d'Etat », alors s'esquisse la spirale sans fin d'un cercle vicieux. Là où la liberté menace le pouvoir, le pouvoir doit rogner la liberté, ce qui de nouveau accroît le désir de liberté. Citoyen contre Etat : ce jeu semble être mû par un aspect qui confère à l'engagement politique une note profondément dramatique. On se trouve pris dans une ronde sans fin et sans profit, car sans l'Etat il n'y aurait pas de citoyens – au sens proprement *politique* de la citoyenneté. Etre citoyen, n'est-ce pas un gain en participation et en pratique de la liberté que la société comme telle ne peut pas garantir ? La société manque de ce centre d'égoïté qui rayonne dans la liberté des citoyens : dans une liberté participative, qui à la vérité peut entrer en conflit avec la liberté personnelle, comme on ne cesse de le constater.

La similitude entre la spontanéité du moi personnel et l'autodétermination de l'Etat indique le dépassement de la « naïveté naturelle » que tant l'individu que les communautés portent en eux primitivement. Ce que le particulier gagne en s'élevant à la rationalité théorique et pratique, la communauté le réussit sur le plan de l'activité étatique et de la rationalité juridique, où est en jeu purement et simple-ment la liberté. Si l'Etat comme tel ne développe aucune connaissance, il réalise par la législation quelque chose dont l'universalité s'exprime dans la logique spécifique dont Reinach a fait la démonstration sous le titre de « droit pur ». Mais pas plus que la « liberté pure » n'apporte avec elle un monde de valeurs, le « droit pur » n'est, du moins dans son application à l'Etat, un facteur d'authentique équité.

La distinction entre l'universalité du droit pur et celle du droit naturel revient à dire, avec Adolf Reinach et Edith Stein, que toute confusion entre la loi et la détermination des valeurs doit être repoussée. Mais cela signifie aussi que de nouvelles perspectives doivent être développées sur la manière dont doivent être concrétisées, dans le cadre de l'Etat, des valeurs sans lesquelles pourrait surgir un monde de valeurs « fabriquées » : de façon étatique-totalitaire ou de manière anarchique s'agissant de la liberté des citoyens.

7. L'Etat et les valeurs

§1. *Les valeurs politiques à réaliser*

La politique, comme activité conforme à la signification de l'Etat, n'est pas l'éthique. Entre les déterminations du droit positif, liées aux circonstances, et les impératifs de la loi, s'étend le domaine de l'Etat dans sa puissance et ses limites propres. Ceux qui sont au service de l'Etat peuvent l'élever au niveau d'une volonté et de cette action qui exigent des valeurs supra-étatiques. Au lieu, par exemple, de parler d'un double langage de l'Etat – égoïsme national et solidarité internationale – on devrait tomber d'accord pour reconnaître que deux normes sont imposées à l'Etat : d'un côté celle de la législation, portée à la conservation de l'Etat, de l'autre une activité politique poursuivie au nom et sous l'autorité de l'Etat, et dans laquelle se réalisent des valeurs qui ne servent pas forcément les intérêts de l'Etat. Les grands hommes d'Etat furent ceux qui purent combiner les deux tâches d'une manière crédible : d'un côté personnifier l'Etat, et de l'autre, en tant que personne éthique au service de l'Etat, faire passer des valeurs dans l'histoire et les ancrer dans la société.

§2. *Les valeurs religieuses*

Si le principe de la priorité absolue et inconditionnelle de la Toute-Puissance de Dieu, et de la parfaite sagesse de

Ses lois est reconnu, il devient aussi possible, selon Edith Stein, de réfléchir de façon approfondie sur les rapports de l'Etat et de la religion.

Il y a deux possibilités de coexistence entre politique et religion, ou l'Etat et l'Eglise. Ou bien on est en présence d'un amalgame théocratique – dont la caractéristique est la participation, active et systématique du clergé aux affaires politiques. Edith Stein s'appuie ici principalement sur l'Ancien Testament et la théocratie juive, et fait référence au Moyen-âge chrétien et à son ordre juridique, là où il est question des rapports entre l'Eglise et l'Etat. Au Moyen-âge, les amalgames théocratiques sont depuis longtemps dépassés, ce qui ouvre des perspectives nouvelles pour la théorie du droit, surtout en matière de distinction entre droit naturel et droit positif, donc entre droit et éthique (il est probable qu'Edith Stein n'avait pas vraiment présentes à l'esprit les survivances du principe théocratique dans le Moyen-âge byzantin).

Si dans le modèle théocratique l'autorité de Dieu et le pouvoir politique ne sont d'aucune façon en opposition, rien, dans l'essence de l'Etat, ne permet de penser que seul un tel amalgame puisse garantir l'harmonie de l'Etat et de l'Eglise, ou de la politique et de la religion. Mais si l'on pose que les Etats séculiers souverains ont leur propre pouvoir législatif, alors apparaît une possibilité de conflit : une distance, voire une opposition, peuvent se dessiner entre une loi divine – interprétée par une Eglise et perçue dans la conscience individuelle – et la loi de l'Etat.

Si ce conflit prend les proportions d'une collision entre obédiences, ce hiatus se traduira par une tension intérieure chez le citoyen croyant. Mais s'il n'y a plus deux institutions sollicitant le respect des hommes, mais deux lois qui lui présentent leurs exigences, alors il devrait être possible de concilier la position, afin que cette tension ne devienne pas une épreuve cruciale ni pour l'individu ni pour l'Etat. Un compromis de sagesse doit être trouvé.

On peut très généralement considérer comme une exigence de sagesse de ne rien exiger des citoyens qu'ils auraient de graves motifs de refuser. (...) Ce serait une grave erreur des détenteurs de l'autorité si par le contenu de leurs décrets faisait des force dans lesquels ils devraient trouver des alliés.[125]

S'il faut en venir à un calcul d'intérêts, on peut supposer que l'Etat encoure une perte de substance, un refus d'obéissance, là où un citoyen donne la préférence à la loi divine. C'est pourquoi il est de l'intérêt de l'Etat lui-même de ne promulguer aucune loi ou aucun commandement qui pourraient être contraires à la loi divine, ou du moins à ce que la majorité des citoyens ressentent comme son écho dans leur conscience.

Cependant l'Etat ne peut pas tout bonnement, c'est-à-dire sans mettre en péril son existence, renoncer à commander, simplement par peur de s'opposer à la conscience populaire. L'Etat n'a ni le droit ni le devoir, quand il y va de son existence, de céder à tout coup. Mais puisque, conformément à la nature, il peut agir souverainement dans sa sphère de pouvoir – sphère qui doit être reconnue à la fois comme zone territoriale et domaine de compétence – l'Etat est en mesure, toujours de manière souveraine, de limiter cette sphère : qu'il s'agisse d'atténuer des conflits en dispensant d'exécuter un commandement précis ou d'accomplir une obligation donnée (par exemple le service armé), ou qu'il s'agisse d'une tolérance dans un domaine de comportement, où une plus grande marge de liberté est admise :

Une telle dispense est une de ces autolimitations de l'Etat dont il a été plusieurs fois question : elle permet de parer à une atteinte à la souveraineté provoquée par l'insubordination des citoyens. Si le nombre de ces autolimitations du pouvoir de l'Etat croît au point que l'Etat ne peut plus disposer de ce qui est nécessaire à sa conservation, elles équivalent à une autodestruction.[126]

On peut difficilement le formuler plus clairement. Selon son essence, l'Etat n'est pas le support de valeurs religieuses, car il n'est pas une personne. La notion d'Etat chrétien, juif, islamique n'a aucun sens. Mais les croyants de toute religion qui se mettent au service de l'Etat peuvent mener les affaires de l'Etat de telle façon qu'elles soient en conformité avec les intérêts supérieurs et les valeurs de la religion, comme c'est aussi leur devoir de motiver l'Etat en faveur de toutes les valeurs culturelles de la communauté. Mais l'Etat a encore une autre obligation :

L'exigence faite à l'Etat de respecter les valeurs religieuses n'est pas suspendue, même si cette mesure semble devoir léser des intérêts vitaux de l'Etat (...). On ne peut pas accorder à l'Etat le droit moral de s'affirmer contre les valeurs religieuses.[127]

La relation particulière d'échange entre l'homme et l'Etat consiste en ce que ce dernier constitue le citoyen dans sa liberté civique et que la personne donne à l'Etat, comme source du pouvoir légitime, les orientations nécessaires, dotées de valeurs positives et négatives. En soi l'Etat n'est ni saint, ni satanique, il n'est ni un monstre ni un assemblage de fonctions purement mécaniques.

8. Considérations finales

Les opinions d'Edith Stein sont classiques et en même temps nouvelles. Le classique consiste à définir l'Etat à travers la souveraineté – surtout en ce qui concerne une remise de toutes les formes du pouvoir dans les mains de la raison – qui rassemblait dans la figure du *monarque*, du souverain, les traits encore archaïques de la puissance sacerdotale et paternelle. « Souveraineté » revient à dire : législation suprême et source du droit, ainsi que principe de légitimation du gouvernement d'un peuple dans un cadre spatio-temporel. En vertu de quoi l'Etat lui-même, conformément à sa « structure ontique », n'est bâti ni sur le temps ni sur l'espace. L'Etat n'est pas une corporation vivante. Mais sans l'« égoïté » intemporelle de l'Etat l'interprétation de la structure de l'Etat tendrait à une « machinalité » abstraite qui serait en contradiction avec la souveraineté.

La nouveauté consiste en une évaluation originale de la relation entre liberté et formalisme. La liberté « vide, figée » dans l'Etat – en opposition absolue avec la liberté substantielle de l'Etat hégélien – doit être motivée et mobilisée par quelque chose d'autre. La vie de l'Etat est celle d'une communauté historique. Dans le meilleur des cas il peut conférer à cette « énergie » l'autorité et la portée de l'Etat, et ainsi l'élever au rang d'une réalité politique.

Cette compréhension d'une liberté formelle, « à peine personnelle », comparée au « moi vide » d'un « sujet pur », est en fin de compte un transfert du formalisme kantien sur la personne même, précisément sous la forme du « moi pur ». Et ici on trouve chez Edith Stein la trace et l'influence de Scheler, qui soumet le formalisme de Kant à une critique sévère et qui donne à la personne, individuelle ou collective, populaire ou religieuse, des valeurs à porter et à vivre. Dans la mesure où l'Etat n'est pas une personne, il peut seulement être souverainement libre, mais non porteur de valeurs. Et si seules les personnes et les communautés peuvent réaliser des valeurs, alors il ne reste à l'Etat que ce caractère formel que réalise le droit. Droit et éthique se décomposent en ce qui produit rationnellement de l'ordre et ce qui est ressenti activement.

La théorie de l'apriorisme du droit pur répond à la nécessité d'amener l'Etat, non pas en tant que corps mais en tant que forme du moi, dans la proximité de l'être-homme, tout comme « l'éthique matériale des valeurs » de Scheler permet de penser des personnes vraies. Cela situe Edith Stein exactement entre Max Scheler et Adolf Reinach, comme Paul Lenz-Médoc l'a formulé avec sagacité.

Entre une mécanisation simpliste du corps et de l'appareil de l'Etat, et une absolutisation de l'Etat à la faveur d'une confusion de son *essence* comme « liberté réalisée » et de son *existence* dans la personne du monarque (comme on le voit chez Hegel), Edith Stein conçoit l'Etat comme la forme juridique d'une société communautaire dans laquelle les individus et les groupes, naturels et culturels, sont en rapports réciproques dans le jeu d'une vie sociale intense et dominée par les intérêts. Cependant cette réalité étatique qui informe le tissu social et vit de cette vie sociale, a essentiellement sa propre préservation comme fin. Ainsi l'Etat n'atteint son statut de personne ni dans les sources de son propre dynamisme ni dans une finalité englobant tout. La personne, maîtresse d'elle-même et de sa relation à l'Etat, devrait prendre conscience de *ce qu'elle doit à l'Etat* : la reconnaissance de ses droits, l'invitation à remplir ses devoirs en matière de liberté civile et de solidarité économique et sociale, et de *ce qu'elle doit à Dieu* : exister à partir de Lui et vivre de Lui.

Chapitre VII

CONFRONTATIONS ET DÉBATS

1. Husserl et Thomas d'Aquin

En 1929, Edith Stein publiait dans le *Jahrbuch*, pour le soixante-dixième anniversaire de Husserl, une assez longue contribution : « La phénoménologie de Husserl et la philosophie de saint Thomas d'Aquin ».[128] Il s'agit d'un « essai », comme il ressort non seulement du sous-titre, mais aussi d'une note en bas de page. Sur la base de ses études antérieures de Thomas, « quelques directions essentielles doivent être esquissées » et soumises à la confrontation.

Dans le cas d'Edith Stein deux choses sont à distinguer. Tout d'abord, une confrontation « neutre » entre Husserl et Thomas pourrait être un simple travail d'histoire de la philosophie, et c'est le cas – apparemment sous la pression de Heidegger –, dans cette contribution de 1929. Deuxièmement, l'événement philosophique qu'a été pour Edith Stein la découverte de la métaphysique thomasienne, à partir de laquelle doit être interprétée la confrontation entre une philosophie « égocentrique » et une philosophie « théocentrique », qui ne porte pas forcément tous les traits de la philosophie de saint Thomas.

Dans une première phase de la confrontation les rapprochements sont faciles à reconnaître ; dans une seconde phase on doit plutôt parler d'une distance et même d'une incompréhension réciproque, même si l'orientation spirituelle de la phénoménologie peut déboucher sur une vie religieuse. Il importe de repérer les différences si l'on veut vérifier la portée d'un jugement audacieux d'Erich Przywara :

La clarté et l'intégrité étaient en elle si grandes et si vives qu'elle ne pouvait s'affilier à aucune prétendue école, à aucune orientation, à aucun mouvement. C'était assurément (...) le charme de sa nature morale qui captivait même son vieux professeur et maître Edmund Husserl, au point que non seulement il ne ressentit pas sa conversion comme un manque de fidélité, mais encore vit précisément dans la philosophie catholique d'Edith Stein quelque chose comme l'incarnation la plus pure de ses propres idées, et conçut à partir de cette impression la dernière idée favorite de sa vie, à savoir que l'Eglise catholique pourrait recueillir la succession de sa philosophie.[129]

Le premier grand thème consiste à dire qu'en tout agit un *logos* que l'on découvre graduellement, sous condition de l'honnêteté intellectuelle la plus stricte et de l'exactitude la plus rigoureuse dans l'analyse. « En ce qui concerne la limite assignée à cette méthode de découverte du logos, il est vrai que les avis divergent ».[130] Cette remarque rappelle le magnifique passage, déjà cité, où le passage au Christ-Logos est clairement indiqué.[131]

D'autres différences semblent appeler un retournement. Edmund Husserl, en tant que héraut d'un rationalisme profondément enraciné – « La philosophie n'est rien d'autre que le rationalisme de part en part, (…) la *ratio* dans le mouvement constant de l'auto-éclaircissement (…) »[132] – ne peut pas distinguer entre une raison naturelle et une raison surnaturelle, c'est-à-dire entre la raison d'êtres finis et conditionnés par le corps, et la raison d'« esprits supérieurs » qui sont capables de connaître ce qui nous est inaccessible. « La phénoménologie procède comme s'il n'y avait en principe pour notre raison aucune frontière »,[133] même si la vérité entière est une « idée régulative » et que le chemin vers elle est infiniment long.

Pour Thomas, au contraire, la vérité entière *est.* « Il y a une connaissance qui l'embrasse tout entière, qui n'est pas un processus sans fin, mais une plénitude infiniment apaisante ; c'est la connaissance divine ».[134] Mais une telle position n'a à son tour de valeur philosophique que s'il est question de vérité et de raison en soi, « quelles que soient les différences empiriques entre l'homme et les êtres surnaturels. A cet instant la connaissance divine est *la* connaissance, et non une exception régionale sans pertinence philosophique ».

L'opposition est celle d'un idéalisme de la vérité et d'un réalisme de la vérité, – ou d'un idéalisme transcendantal et d'un réalisme transcendantal. La philosophie comme science du sens doit conduire à une philosophie de l'être du sens *et* du sens de l'être, jusqu'à l'unité absolue du sens et de l'être en Dieu. C'est seulement ainsi que peut se justifier le recours philosophique à la foi, car seule la foi permet de pénétrer jusqu'à la réalité du logos-sens, dont le Christ n'est pas seulement le symbole, mais la vérité. C'est ainsi que le statut d'une philosophie théocentrique est garanti : « La vérité première, le principe et critère de toute vérité est (pour Thomas) Dieu même. Toute vérité dont nous pouvons nous saisir vient de Dieu ».[135]

Pour la réflexion transcendantale la question est : comment le monde se construit-il pour une conscience que je peux sonder dans l'immanence ; le monde intérieur et extérieur, naturel et spirituel, le monde étranger aux valeurs et le monde du bien, finalement et en dernier lieu également le monde gouverné par le sens religieux, le monde de Dieu. Husserl a inlassablement travaillé à affiner une méthode qui lui permit, ainsi qu'à ses disciples, d'examiner ces problèmes « constitutifs », de montrer comment l'activité spirituelle du sujet, s'exerçant sur un matériel de sensation pur, construit son « monde » dans une multiplicité d'actes et d'assemblages d'actes. Cette ontologie qui assigne à chaque être spirituel son lieu d'activité spécifique, a assurément de quoi poursuivre ces recherches constitutives. Mais elle ne peut pas avouer sa signification « fondamentale ». La voie de la phénoménologie transcendantale a abouti à poser le sujet comme point de départ et point central de la recherche philosophique. Tout le reste est référé au sujet. Le monde qui s'édifie dans les actes du sujet demeure toujours un monde pour le sujet. Il était impossible de sortir de la sphère de l'immanence pour regagner l'objectivité dont Husserl était pourtant parti, et qu'il s'agissait de garantir : une vérité et une réalité exempte de toute relativité subjective.

La réinterprétation qui résultait des recherches transcendantales et qui identifiait l'existence à une manifestation pour une conscience, ne satisfera jamais l'intelligence en quête de vérité. Et cette réinterprétation est en contradiction avec la foi, avant tout parce qu'elle relativise Dieu. Voilà bien l'opposition la plus tranchée entre phénoménologie transcendantale et philosophie catholique : ici une orientation théocentrique, là une orientation égocentrique.[136]

Cette opposition radicale ne dément pas ce qu'il y a de commun dans la démarche méthodique. L'accent mis sur l'essentiel, l'attention « intuitive » portée à l'essence de la chose ou à la chose même, sont communs à la phénoménologie et à la scolastique. Mais ce qu'on entend par « essence » ou « intuition d'essence » doit vérifier exactement ce qui est commun et ce qui est différent. Ni l'abstraction ni l'inspiration mystique ne caractérisent la vision d'essence ou l'intuition d'essence, qui justifie le rapprochement entre phénoménologie et scolastique.

Si Thomas a désigné comme la tâche propre de l'intelligence de "intus legere" – de lire dans l'intérieur des choses –, le phénoménologue peut accepter cela comme une circonlocution appropriée pour ce qu'il entend par intuition. Thomas et Husserl pourraient donc l'un et l'autre tomber d'accord pour dire que la vision d'essence n'est pas en contradiction avec la pensée, si seulement on donne toute son ampleur à l'idée de pensée, et qu'on reconnaît dans l'intuition d'essence un acte de l'entendement ; puis si à son tour l'entendement (intellectus) est pris dans son sens précis, et que l'on ne se représente pas sous ce mot la caricature qu'en ont faite tant le rationalisme que ses adversaires.[137]

Edith Stein attire ici l'attention sur le caractère triple de la connaissance humaine : la connaissance du monde extérieur, celle du monde intérieur et celle de Dieu, pour distinguer dans ces types de savoir ce qui est intuitivement immédiat et ce qui relève des démarches médiatrices de l'entendement (déduire, conclure, etc…) et pour, à nouveau, distinguer Thomas et Husserl sur ce point. Et quand elle parle du rationalisme dont la « caricature » provient de ses adversaires, il faut interpréter cela, à mon avis, comme une reconnaissance : reconnaissance du rationalisme comme une philosophie du logos, qui a tout à la fois repris l'héritage scolastique et préservé le sens du vrai en soi – surtout sous le nom du « possible ».

Tous deux [Thomas et Husserl] considèrent comme le devoir de la philosophie de parvenir à une intelligence du monde la plus universelle et le plus solidement fondée possible (…). Le point de départ – qui donne l'unité – à partir duquel s'ouvre la totalité de la problématique philosophique et à laquelle elle renvoie sans cesse, est pour Husserl la conscience transcendantalement purifiée, pour Thomas Dieu et sa relation aux créatures.[138]

2. Contra Heidegger

Dans une note explicative de *Endliches und ewiges Sein* sur la notion de métaphysique, Edith Stein donne un aperçu de sa controverse avec Heidegger – ramenée à l'essentiel. D'autres textes sur Heidegger ont été traduits et figurent dans le volume *Phénoménologie et philosophie chrétienne.*

Heidegger n'a pas aboli l'ancien sens de la Metaphysica generalis comme doctrine de l'étant en tant que tel ; il a seulement souligné qu'il est nécessaire de clarifier le sens de l'être. Nous sommes d'accord sur ce point. Il a ensuite fait un pas de plus en soutenant que pour comprendre le sens de l'être, il faut explorer quel compréhension l'homme a de l'être ; et comme il voyait la condition de compréhension de l'être dans la finitude de l'homme, il considéra que le travail fondateur de la métaphysique consiste dans l'analyse de la finitude de l'homme. Ce qui appelle deux réserves. D'abord il y va en métaphysique du sens de l'être comme tel, et non pas seulement de l'être de l'homme. Celui qui écarte la question du sens de l'être, inclus dans la compréhension de l'être même, et qui, indifférent à cette question, « projette » la compréhension de l'être de l'homme, celui-là est en danger de se couper du sens de l'être ; pour autant que je puisse le voir, Heidegger a succombé à ce danger. Ensuite : la compréhension de l'être n'appartient pas à la finitude comme telle, puisqu'il existe des étants finis qui n'ont aucune compréhension de l'être. La compréhension de l'être appartient à ce qui distingue un être personnel-spirituel d'un être d'une autre nature. C'est à l'intérieur de cette catégorie d'êtres qu'il faudrait distinguer entre la compréhension humaine de l'être et celle d'autres esprits finis, et entre toute compréhension finie de l'être et celle, infinie, de Dieu. Ce qu'est en soi la compréhension ne se laisse pas voir sans que l'on clarifie ce qu'est le sens de l'être. Donc, la question fondamentale de la métaphysique est et demeure la question du sens de l'être.[139]

Un autre aspect de ce débat se découvre dans *Der Aufbau der menschlichen Person*, où les préoccupations pédagogiques sont prédominantes, mais toujours associées à la question des fondements philosophiques et religieux d'une pédagogie pleinement humaine. Après avoir examiné les présupposés de l'humanisme et d'une psychologie des profondeurs, où Freud et sa valorisation des pulsions trouve sa juste place, Edith Stein reprend la discussion avec Heidegger, qu'elle considère, au moment où elle rédige ces lignes, comme le plus puissant représentant de la métaphysique de son temps :

La grande question de la métaphysique est la question de l'être. Elle se pose à nous à partir de notre existence, et – comme Heidegger en est persuadé –, on ne peut y répondre qu'à partir de là. Dans sa vie ordinaire, l'homme est rempli de soucis et de projets pratiques. Il vit dans le monde et cherche à s'y assurer une situation ; il se meut dans les formes traditionnelles de la vie sociale, il est en rapport avec d'autres hommes ; il parle, pense, ressent comme ʻ on ʼ parle, pense, ressent. Mais ce monde organisé dans lequel il se trouve, et dans lequel il « suit le mouvement », ce monde et toute son activité fiévreuse, est une immense machinerie qui le tient éloigné des questions essentielles liées à son existence : « Qui suis-je ? », « qu'est-ce que l'être ? ». Pourtant il ne peut pas constamment écarter ces questions. Derrière tous les soucis pour ceci ou pour cela se profile l'inquiétude pour son propre être, une angoisse consubstantielle à son être et qu'il cherche à fuir dans le monde. Au cœur de cette angoisse s'annonce ce qu'est son existence, et lorsqu'il accepte la question, il recevra également la réponse, car l'être se manifeste à celui qui a le courage et la volonté de le regarder en face. La vérité que l'homme cherche à éluder, c'est qu'il est « jeté » dans l'existence, pour vivre sa vie. Son existence lui présente des possibilités qu'il doit saisir librement, et entre lesquelles il doit choisir. Mais l'extrême qu'il redoute, et qui fait indissolublement partie de l'existence, est la mort : celle-ci marque sa vie. L'homme vient du néant et retourne au néant. Celui qui veut vivre dans la vérité doit pouvoir regarder le néant sans fuir dans l'oubli de soi et dans des formes trompeuses de sécurité. La vie des profondeurs, selon Heidegger, est une vie d'esprit et non de pulsions. L'homme est libre dans la mesure où il peut et doit se décider pour l'être authentique. Mais il n'a pas d'autre but que d'être lui-même et de tenir bon dans la « nihilité » de son être.[140]

Ces considérations métaphysiques, s'agissant du sens de l'existence, ouvrent nécessairement sur ce qui est ici le propos fondamental d'Edith Stein : l'éducation comme conduite de l'homme vers sa vérité

Heidegger n'a formulé aucune théorie de l'éducation, et il ne peut être question pour nous d'examiner dans quelle mesure sa métaphysique se reflète dans sa pratique d'éducateur, donc dans quelle mesure y prévaut une salutaire inconséquence. Qu'il nous suffise d'estimer ce que sont les conséquences pédagogiques d'une telle conception de l'homme. Si l'homme est appelé à l'être authentique (il faudra se demander quel sens peut avoir un tel appel adressé à un existant qui vient du néant pour y retourner), la tâche de l'éducateur sera de se faire, auprès de la jeunesse, le héraut de cet appel à en détruire, pour elle, les formes trompeuses et les idoles. Mais qui se décidera à ce travail ingrat, et qui pourrait en prendre la responsabilité ? On saurait alors que c'est un autre qui serait capable de supporter cette existence face au néant, qui ne chercherait pas à retourner dans le monde pour voir s'il ne préférerait tout de même pas se réfugier dans le monde, si ce n'est fuir l'existence dans le néant ?[141]

Cette fin étrange peut recevoir deux interprétions. L'une serait que *l'autre* est l'éducateur qui, finalement, fait pour les éduqués ce que chacun d'eux devrait faire par soi. Edith Stein semble ainsi dénoncer une idéologie de l'héroïsme – et qui sait, le *Führerprinzip* – qui déchargerait tous de leur responsabilité personnelle. Une autre interprétation laisserait entendre que la confrontation avec le néant est réservée au Christ, appelé *l'autre*, et qu'à vouloir jouer cet héroïsme-là, on se condamne à la résignation, à l'étourdissement ou au suicide.

Ces interprétations me semblent se rejoindre dans une critique qui, formulée en 1932, dépasse les considérations purement philosophiques suscitées par *Sein und Zeit*, pour mettre le nihilisme de Heidegger en relation avec le grand péril qui menace en profondeur l'âme allemande.

3. Difficultés autour du thomisme

D'abord une intéressante remarque de Roman Ingarden[142]: « Je suis persuadé qu'Edith Stein n'a pas écrit un seul mot auquel elle n'aurait pas cru, et qu'elle n'aurait rien fait par pur conformisme. Preuve en soit une série de propositions contre saint Thomas d'Aquin, et cela dans la question des objets idéaux, des idées, etc. Il y a d'autres passages qui concernent aussi les notions de forme et de matière contre lesquelles (après avoir exposé la thèse adverse) on présente sa propre opinion – sans crainte pourrait-on dire. Je voudrais ajouter : lors de la discussion de l'opinion de l'autre (en particulier dans le « De Deo » dans la première partie de la « Somme ») il est dit expressément que certaines thèses sont incompréhensibles, surtout s'agissant de positions qui concernent l'*actus purus*. Dans d'autres passages qui concernent l'union de la forme et de l'existence, soit avec la matière soit sans la matière, la position de Thomas est soumis à examen, mais à divers autres passages on peut lire : *Das kann ich nicht verstehen.* Cela dresse une frontière entre les passages où elle se sent compétente comme philosophe et ceux où elle ne peut rien dire en tant que philosophe.» (467-468) Ainsi, par l'exemple, dans la question de la nature des anges à traiter comme un problème métaphysique alors que les problèmes liés à la Sainte Trinité dépassent la philosophie.

On le voit. A l'intérieur d'une philosophie théocentrique – que recouvre le concept de scolastique – apparaissent des difficultés qui, chez Edith Stein, manifestent deux choses : d'abord sa profonde fidélité à la phénoménologie – emblématisée par trois noms : Augustin, Descartes et Husserl – et sa volonté d'élaborer une philosophie théocentrique dans laquelle Dieu est la référence absolue pour l'homme et non plus pour le monde ; ou dans laquelle l'*analogia entis* est une analogie du Je suis. Estimons donc ce premier point en parcourant les pages introductives de *Potenz und Akt*.

Le premier et le plus simple des faits dont nous sommes immédiatement conscients est notre propre être. C'est le noyau du doute augustinien, cartésien, husserlien Ce n'est pas une conclusion logique mais une simple certitude. (...) Lorsque l'intellect réfléchissant s'abîme dans ce simple fait (Tatsache)*, il se divise devant lui en* *une triple problématique : Qu'est-ce que l'être dont je suis conscient ? Qu'est-ce que l'acte ou le mouvement de l'esprit dans lequel j'en suis conscient ? Si je me tourne vers l'être il se montre tel qu'il est en lui-même une dualité d'être et de non-être. (...)Une philosophie tirée de la connaissance naturelle a là son point de départ légitime.*[143]

On reconnaît l'apport de Heidegger dans le lien immédiat entre l'être et le temps, mais rapporté au moi conscient de son être. On reconnaît l'influence de Przywara dans l'affirmation que la relation d'analogie entre l'être fini et l'être éternel relève de ce point de départ radical, et l'on voit poindre le thème de son prochain ouvrage : *Endliches und ewiges Sein.* On perçoit le fond husserlien lorsqu'on lit que « c'est de sa scission entre être et non être que naît l'*idée de l'être pur,* qui n'a rien en soi de non-être et où il n'y a plus ni plus de « plus » et de « pas encore ».[144]

Mais quelle est la place de Thomas d'Aquin ? On la reconnaît, au-delà de l'emprunt du thème général au *De potentia*, à une série de questions qui manifestent que Edith Stein emprunte des thèmes à l'Aquinate, mais à chaque fois cherche à les creuser dans une perspective phénoménologique, elle-même enrichie de considérations nouvelles, notamment par une valorisation de la *personne* comme être spirituel irréductible tant à une conscience transcendantale qu'à des catégories telles que matière et forme, substance et accident, et précisément acte et puissance, telles que données par la tradition.

Le domaine le plus significatif est bien celui de la personne dans son individualité irréductible à la matérialité corps : « Le Moi en tant que tel *est* un individu, même sans tenir compte de d'une relation à un corps matériel et de l'espèce qui le distingue qualitativement des autres. Seul un Moi peut dire Moi et s'*avoir* – se tenir – de telle manière qu'il peut dire 'moi'. »[145] On va y revenir.

Un autre exemple, plus technique montre bien ce double aspect d'emprunt et de distance.

La philosophie thomiste sépare les catégories et les transcendantaux, qui n'en font pas partie : aliquid, ens unum, verum, bonum. L'étant peut être compris comme ne relevant pas de la table des catégories, mais comme présupposé par celle-ci : en ce sens général où tant le non-dépendant [as se] que le dépendant [ab alio] « est ». L'étant est donc antérieur à la séparation entre substance et accident.[146]

Edith Stein élève l'étant au rang d'un transcendantal et montre que les transcendantaux ont une dimension ontologique : que le *unum* saisit dans l'étant ce qu'on appelle le 'quelque chose' *(etwas)*, donc est une forme ontologique d'égale généralité que l'étant ; que le verum est l'étant en tant que connu, le bonum l'étant en tant que désiré ; que le *verum* et le *bonum* saisissent l'étant en relation à un esprit connaissant ou voulant – autrement dit que l'étant substantiel est en tant que tel connaissable et désirable.

Enfin, elle s'attarde sur un problème majeur : y a-t-il une forme philosophique de ce qui pour le théologien est une certitude, par exemple l'existence des anges et l'analyse de leur puissances ? Y a-t-il du possible en nous qui, bien que idéal ou purement pensé, est soumis à des lois d'essence et ne peut être saisi autrement *(Etre fini et être éternel*, III §12) ? Elle s'attarde à montrer que c'est le cas du pensable voire de l'imaginables sensé, selon des critères formels précis. C'est effectivement le cas lorsqu'il s'agit quant à l'objet, d'êtres surnaturels ou, quant au sujet, d'actes noétiques purs.

Quand Thomas parle de la connaissance des anges, de la connaissance du premier homme, de la connaissance de l'âme après la mort, et ainsi de suite, le sens de ces développements n'est pas simplement de poser des types possibles de connaissance à côté des types connus par expérience de la connaissance humaine factuelle, et ainsi de déterminer l'amplitude de variation de la connaissance comme telle (...) ce sont des énoncés de réalité.[147]

Dans la mesure où l'essentiellement réel – et pas seulement le possible – consiste par exemple en actes, ceux-ci doivent leur réalité à des êtres réels et actifs, et en ce qui concerne la connaissance, à des êtres spirituels. Mais les saisir dans leur réalité, c'est également les saisir dans leur individualité personnelle, dont on apprend qu'elle n'est pas conditionnée par le corps. L'âme, les anges, Dieu : ces noms renvoient à des sujets (de connaissance) incorporels et pourtant individuels.

Que Edith Stein ait consacré tout le chapitre sept de *Être fini être éternel* à la question de la chose particulière, de l'être particulier, de la singularité, c'est-à-dire aussi au principe d'individuation (ce chapitre étant essentiellement une « confrontation avec la doctrine thomiste du fondement de l'être particulier »), indique assez quelle importance elle accorde à ce thème.

Le thomisme considère l'homme comme une espèce du genre « être vivant » et ne fait, pour le fondement de l'individualité, aucune différence entre les plantes, les animaux et les hommes. (...) Il est clair que l'individualité de l'homme – comme de toute personne spirituelle – se distingue de l'individualité de toutes les choses non-

personnelles : à cela se rattache le fait que la vie jaillit du Moi et qu'elle est donnée au Moi personnel de deux façons : pour prendre conscience de soi-même comme d'une vie distincte de tout, et pour la façonner en toute liberté.[148]

Ce regard sur la singularité conduit Edith Stein à se rapprocher de Duns Scot, qui « attribue le *principium individuationis* à quelque chose de positivement réel, qui scinde l'une de l'autre la forme essentielle individuelle et la forme essentielle générale ». De plus, cette conception reproche l'homme de l'ange, en sa qualité métaphysique d'« essence singulière ». Deux passages dans *Endliches und ewiges Sein* mettent en évidence l'attention qu'Edith Stein porte aux positions de Duns Scot lorsqu'en leur qualité de créatures il diversifie le concept de « matière » dans son attribution des relations forme-matière et acte-puissance aux anges. Il s'agit donc bien d'un rapprochement de l'homme avec l'ange selon la spiritualité, et de l'ange avec l'homme selon la matérialité, et dans les deux cas selon leur commune individualité.

Le *problème du mal* est un autre sujet de discussion à l'intérieur de la tradition chrétienne. On lit en effet dans « Etre fini et être éternel » :

Tant l'auteur des écrits aréopagitiques que saint Thomas d'Aquin, dans leur doctrine sur le mal, ont cherché à démontrer très précisément que tout étant est bon en soi. Le mal ne peut donc être qu'une privation d'être. Même les esprits « mauvais » sont encore bons dans la mesure où ils ont conservé leur nature. Ce sont toujours des esprits purs, ils ont gardé de leur intelligence la puissance de leur volonté et la force qui les situe au-dessus de l'homme.[149]

Ces dons naturels sont bons en soi, seul l'usage qu'ils en firent est mauvais. A quoi s'ajoute le mal de punition ou de conséquence qu'est la perte des dons surnaturels, et surtout la perte de l'union à Dieu.

Cette doctrine milite contre deux erreurs : le dualisme manichéen, qui fait du Mal un principe équivalent au Bien, c'est-à-dire à Dieu, et l'erreur qui fait de Dieu le seul principe de ce qui est, et qui lui attribue donc la source de tout mal. La réponse à ces deux erreurs consistait à dire que le mal n'est pas de l'être, ni comme principe, ni comme effet ; que le mal n'est ni une substance ni un accident affectant une substance, mais un « rien ». Or, écrit Edith Stein,

... il me semble que l'on n'a pas suffisamment travaillé à distinguer un manque purement naturel – par exemple une faiblesse de l'intelligence –, de ce qui est proprement mauvais, par exemple l'usage de l'intelligence à une fin mauvaise. La distinction théologique entre le mal de péché et le mal de punition en tient compte ; mais dans la considération métaphysique les problèmes sont confondus dans le non-être. (...) L'intelligence naturelle se refuse de considérer le mal (de maléfice) comme un manque ou une faiblesse, car elle ressent fortement que dans le mal elle affronte une puissance efficace. Cette puissance est celle de la personne spirituelle libre. L'esprit créé ne tire pas cette force de lui-même. C'est pourquoi la volonté libre, même celle du plus élevé des anges, n'est pas un principe ultime à côté de Dieu. Il ne peut créer aucun être (...), mais il peut donner à son action une direction contraire à la volonté divine. Et c'est précisément une telle activité de la volonté créée opposée à la volonté divine que nous appelons le mal. Et en tant que produit de la volonté elle

est quelque chose, et appartient à ce qu'il y a de plus élevé dans le domaine de l'être créé.[150]

4. Descartes ou Thérèse d'Avila

« Descartes ou Thérèse d'Avila » est une autre version du thème : égocentrisme et théocentrisme, mais repris dans le contexte d'une philosophie du Moi, dans lequel l'individu exprime *son* être : Je suis.

Ici deux chemins se séparent. Ou bien le chemin emprunté par Sartre, livrant un Descartes qui n'est plus seulement à la recherche d'un point de départ radical, inébranlable, pour fonder une science certaine, ni non plus le Descartes augustinien, qui ne peut plus douter de son doute, mais un Descartes incluant dans le point fixe du « cogito » le moi absolument libre, ou une conscience dont la qualité de substance pensante, ou d'âme, n'est plus compatible avec la transparence de la conscience.

Ou alors, au-delà de Descartes et de ses interprètes, le chemin qui ne ramène pas simplement au monde de la nature perçue de manière naïve, mais qui pénètre dans le monde intérieur du Château de l'âme.

Le « Château de l'âme » est pour Edith Stein le paradigme de l'âme fermée sur elle-même et cependant ouverte à Dieu. Le « Château de l'âme » dessine le chemin vers Dieu, qui ne passe pas par les créatures extérieures et leur signification dans l'ordre du monde, mais en se risquant librement à l'intérieur de soi et, cela fait, en y laissant par amour entrer Dieu. Il ne suffit pas de *donner* à une conscience la plénitude intentionnelle d'un corrélât qu'elle constitue comme tel, car alors la conscience est un « pour-soi » vide. Seule une personne, conformément à sa plénitude d'être, peut rencontrer aussi l'autre, humain ou divin, dans l'empathie et la sympathie. Le pas fait en 1921 vers Thérèse d'Avila était le pas de l'ego phénoménologique vers le moi ouvert à Dieu.

Le parcours d'Edith Stein montre pertinemment quelle différence elle fait entre connaissance par esprit-intellect et vie de l'âme, entre recevoir du dehors et se donner – quoi l'âme se distingue de façon décisive de la psyché et de l'esprit. Pourtant une intime communauté d'appartenance relie – au moins dans l'unité de la personne – psyché, esprit et âme. Des ruptures apparaissent dans le passage d'une psychologie à des formes de connaissance qui ne repoussent plus la mystique comme une étrangère. Cependant le passage de l'un à l'autre apparaît après coup comme le chemin tout tracé vers Dieu, tel qu'Edith Stein, en quête du sens de l'Etre, l'a parcouru.

Chapitre VIII

REGARDS SUR LA MYSTIQUE

Une des questions que rencontrent ceux qui se sont intéressés à l'œuvre d'Edith Stein est celle de savoir s'il y a rupture ou continuité entre la philosophe et la religieuse, entre l'œuvre phénoménologique et les commentaires mystiques. Nous penchons pour la continuité, car c'est autour du thème de la personne que s'opèrent les transformations conceptuelles qui confèrent au commentaire un ton qui demeure phénoménologique tout en pénétrant au cœur de la mystique.

Parler de mystique dans le contexte du Carmel, c'est nécessairement et essentiellement parler de la mystique espagnole et de ses deux représentants les plus prestigieux : sainte Thérèse d'Avila et saint Jean de la Croix. Ceux que Teresia Benedicta appelle « nos Parents », prennent en effet dans sa vie et son œuvre une place absolument privilégiée, qui n'a d'égale que celle d'Edmund Husserl. C'est en philosophe accomplie qu'elle est allée à ces « parents » en religion, comme elle était allée à Husserl pour être initiée à la science philosophique véritable. Ici et là dans un mouvement similaire, enflammé, ardent et concentré, qui éclaire toutes les étapes de sa vie.

Une chose encore : La *Seelenburg* et la *Kreuzeswisschenft*, le château de l'âme et la Science de la croix, sont les prolongements de ses réflexions et analyses de l'esprit et de l'âme. Les textes y font expressément allusion. En revanche, les pages consacrées à Denys l'Aréopagite prolongent les propos antérieurs sur les différentes modalités de la connaissance. Nous privilégions donc la thèse de la continuité entre l'œuvre de la philosophe et l'œuvre de la moniale, mais nous excluons de nos commentaires les textes proprement spirituels où s'exprime l'attachement de la future sainte à la piété carmélitaine.

Le thème ce dernier chapitre est circonscrit par deux faits historiques ou biographiques : saint Thérèse d'Avila est à l'origine de la décision d'Edith Stein de demander le baptême dans l'Eglise catholique, et certainement à l'origine aussi de sa vocation carmélitaine ; alors que saint Jean de la Croix est l'objet de la *Kreuzeswissenschaft.*

1. Sainte Thérèse d'Avila

C'est en effet en 1921 qu'Edith Stein passa un été auprès d'un couple d'amis, les Conrad-Martius, et c'est là qu'eut lieu l'événement qui bouleversa son existence : la lecture de la Vie – le « Livre des miséricordes divines ».

La semence de cette autobiographie ne tombait pas sur un terrain vierge ou imperméable. Les contacts que ses études à Göttingen lui avaient values avec Max Scheler, et en 1917, le témoignage de courage chrétien qu'apportait la veuve d'Adolf Reinach à la suite de la mort de son mari, tombé en Flandres, l'avaient familiarisées avec les valeurs religieuses et l'inclinaient vers le christianisme d'expression protestante. Hedwig Conrad-Martius, qui sera sa marraine de baptême, était elle-même luthérienne. Presque tous les biographes s'accordent sur le fait que la lecture de la Vie de sainte Thérèse n'a pas conduite Edith Stein au Christ mais à l'Eglise catholique, et en celle-ci, faudrait-il ajouter, à l'accomplissement de la « vérité » à laquelle l'avait introduite la phénoménologie. Ses réflexions philosophiques sur la personne trouveront leur achèvement existentiel dans la vie contemplative et spirituel dans ses commentaires sur les œuvres mystiques qu'ont laissé Thérèse d'Avila et Jean de la Croix.

Pour parler du catholicisme d'Edith Stein, il faut encore citer l'influence particulière qu'exerça sur elle Erich Przywara, qui rapporte qu'elle avait étudié les Exercices de saint Ignace, sans oublier ses contacts suivis avec l'Ordre bénédictin, particulièrement avec l'abbaye de Beuron où, dès 1928, elle s'imprégna profondément du sens de la liturgie. Ce n'est pas donc pas par hasard qu'Edith Stein prit en religion le nom de Teresia Benedicta à Cruce, où sont réunis les trois maîtres qui façonnèrent son âme : *Thérèse* d'Avila, saint *Benoît*, saint Jean *de la Croix*.

Saint Thomas d'Aquin ouvrait Edith Stein à un sens nouveau de la vérité ; avec Thérèse d'Avila, et dans une perspective sans doute plus augustinienne que thomiste, elle découvrait, outre la nature propre de la vocation du Carmel et des « chemins de la perfection », des profondeurs de l'âme que la psychologie philosophique et la phénoménologie de la conscience n'avaient pas pu lui dévoiler. C'est pourtant sur le fond de cette interrogation philosophique sur la « structure de la personne », sur les rapports entre l'esprit et l'âme, le moi et son centre, que se dessine son interprétation sa « sainte Mère », Thérèse.

Les thèmes essentiels de la psychologie personnaliste d'Edith Stein sont les suivants : une description du psychisme dans sa dépendance du monde extérieur, une mise en lumière du processus de personnalisation de l'âme, appelée à se recentrer sur elle-même dans un mouvement de conscience autoréflexive, puis la distinction entre d'une part l'âme qui, en tant qu'esprit, entre en relation cognitive avec le monde, en relation intersubjective avec d'autres esprits ou en relation intuitive avec des valeurs spirituelles et, d'autre part, l'âme susceptible de devenir le lieu d'une rencontre absolument spécifique avec Dieu. On pourrait ici retrouver la trilogie pascalienne de l'ordre des corps, des esprits et du cœur. Mais s'il est vrai que seul le troisième stade intéresse proprement la mystique, c'est pourtant l'ensemble de la structure de la personne, et non seulement le sommet de l'âme susceptible d'entrer en union avec Dieu, qu'Edith Stein réinterprète à partir du « château de l'âme » de Thérèse d'Avila. Retenons quelques passages du texte intitulé *Die Seelenburg* (le Château de l'âme), qui commence par un résumé des sept demeures, et qui se poursuit par un commentaire significatif où se marque et se remarque la volonté expresse d'Edith Stein de l'interpréter selon sa propre intention philosophique :

Pour la sainte, il s'agit uniquement de décrire le château de l'âme, la maison de Dieu, et de montrer ce qu'elle a elle-même éprouvé : la manière dont le Seigneur lui-même rappelle l'âme de sa perdition dans le monde extérieur et dont il l'attire de plus en plus près de lui, jusqu'à ce qu'il puisse finalement l'unir à lui en son propre centre. Loin d'elle l'idée d'examiner si la structure de l'âme a encore un sens, si l'on fait abstraction du fait de l'inhabitation de Dieu, et de savoir s'il y a peut-être encore une autre porte (d'accès à soi) que celle de la prière.

Il semble que nous devions répondre affirmativement aux deux questions. En tant qu'esprit et image de l'esprit divin, l'âme humaine a pour tâche d'accueillir tout le monde créé en le connaissant et en l'aimant, de comprendre quelle est sa vocation et d'agir conformément à cela (...).

En tant qu'esprit et image de l'esprit divin, l'âme n'a pas seulement connaissance du monde extérieur, mais aussi d'elle-même. Toute sa vie spirituelle est consciente, et cela lui permet un regard réflexif sur elle-même, quand bien même elle n'y entre pas par la porte de la prière.[151]

Si cette connaissance du monde et de soi-même relève de la nature de l'esprit, elle ne va pourtant pas sans dommages possibles. On se retrouve à proximité de Pascal discernant les aspects négatifs, les concupiscences, propres aux ordres des corps, des esprits et de la volonté, lorsqu'on voit Edith Stein mesurer les dangers qui guettent l'âme tentée de s'empêtrer dans le monde ou de se fixer sur elle-même, de succomber au « besoin excessif de mettre le soi en valeur ». Mais outre ce trait qui l'apparente aux grands moralistes, on est confronté au souci scientifique d'Edith Stein lorsqu'on la voit dessiner un parallèle entre les degrés du parcours de l'âme vers son centre, et les étapes d'une psychologie qui, partant au dix-neuvième siècle d'un naturalisme étroitement empiriste, a progressé vers une phénoménologie de la conscience, et, avec A. Pfänder, vers une psychologie de la personne, mais que dépassent largement ces « psychologues » d'une tout autre nature que sont les saints :

Personne n'a pénétré dans les profondeurs de l'âme comme les hommes qui, après avoir étreint le monde d'un cœur ardent, furent arrachés à cet empêtrement dans le monde et engagés dans leur intériorité et dans leur for intime par la main vigoureuse de Dieu. A côté de notre sainte Mère Thérèse, on trouve ici en premier lieu saint Augustin, qu'une profonde parenté d'esprit relie à elle et à ce qu'elle a ressenti.[152]

Edith Stein tire toutes les ressources de cette science supérieure pour proposer une analyse de l'âme nouvellement différenciée selon qu'elle anime un corps lié au monde, selon qu'elle est un esprit connaissant et conscient, et selon qu'elle a une vie propre, dont on verra qu'elle est à la fois affirmation de liberté et capacité de soumission à Dieu ; donc qu'elle contient un apparent paradoxe qui va trouver son expression la plus décisive dans l'analyse de la Nuit, active et passive, selon saint Jean de la Croix.

2. Saint Jean de la Croix

Abordons maintenant le grand commentaire de Jean de la Croix, la *Kreuzwissenschaft.* Après quelques généralités, trois questions nous permettront de faire d'utiles subdivisions : 1. La question du rapport entre foi et connaissance ; 2. La question du rapport entre liberté et passivité ; 3. La question du rapport entre le mariage mystique et la Croix.

La présence de saint Jean de la Croix est plus massive, dans l'œuvre d'Edith Stein, que celle, peut-être plus subtile, de sainte Thérèse. Si Jean de la Croix s'inscrit profondément dans son évolution vers une spiritualité de la Croix, son adhésion à Thérèse d'Avila est plus liée aux conditions de son entrée dans l'Eglise et à l'éveil de son désir de vie religieuse ; mais son attachement pourrait bien aller à la femme qu'était Thérèse, sachant combien le problème de la nature et de la vocation de la femme a préoccupé Edith Stein. Peut-on parler d'une manière d'engagement thérésien, alors que ses références sanjuanistes relèveraient plus du travail de détachement amoureux qu'elle se laisse imposer et qui la préparerait à sa fin dans le brasier de haine d'un four crématoire ? Je laisse ma propre question en suspens…

Un des premiers textes d'Edith Stein où il est fait mention du saint date probablement de 1934, donc d'un an après son entrée au Carmel :

On nous rappelle constamment que saint Jean de la Croix ne désirait pour lui rien d'autre que la souffrance et le mépris. Quelle est la raison de cet amour de la souffrance ? Est-ce simplement une réminiscence aimante du chemin de souffrance de notre Seigneur sur cette terre ? Est-ce l'élan d'une âme fervente qui, pour se rapprocher humainement de lui, cherche une vie semblable à la sienne ? Cela ne correspondrait guère à l'exigeante et forte spiritualité du maître mystique (...)

Une prédilection pour le chemin de croix ne signifie pas non plus un regret de voir le Vendredi Saint passé et accomplie l'œuvre de Rédemption : seul des êtres sauvés, des enfants de la grâce, peuvent porter la Croix du Christ. Seule son union au Chef divin confère à la souffrance humaine une force pénitentielle. Souffrir et trouver dans la souffrance sa félicité, se tenir debout et avancer sur les sentiers rudes et boueux de cette terre tout en trônant avec le Christ à la droite du Père ; rire et pleurer avec les enfants du monde et chanter sans cesse les louanges du Seigneur avec le chœur des anges, telle est la vie du chrétien jusqu'à ce que se lève le matin de l'éternité.[153]

Ce passage – d'une tonalité très différente de ce que nous avons lu précédemment –, s'il n'exclut pas l'analyse psychologique présente néanmoins un déplacement d'accent et la mise en œuvre d'autres ressources que celle d'une philosophie de la personne.

En effet, la « Science de la Croix », science de la pratique de la Nuit mystique, ouvre sur des considérations littéraires liées à la nature poétique de l'œuvre de Juan de Yepes, et sur les différences entre la croix comme *signe* rattaché à une réalité historique, et sur la croix en tant que *symbole* de la nuit : ce phénomène cosmique apte à signifier un événement spirituel.

On s'étonne peut-être moins de cette approche par la science littéraire et linguistique si l'on se souvient des premières études littéraires d'Edith Stein à Breslau et si l'on a à l'esprit son enseignement de la littérature allemande à Spyre, ainsi que les nombreuses références littéraires (notamment Ibsen et Gœthe) qui illustrent ses analyses de l'âme féminine. En outre, on peut sans artifice relier ce texte à ses lectures de Kierkegaard, antérieures à sa conversion, et à un sens nouveau du « paradoxe » perçu dans la lumière de la mystique catholique.

Nous ne pouvons ici repérer, dans cet ouvrage de 350 pages, que quelques aspects particulièrement significatifs de son auteur. Le premier correspond à la première des trois questions que nous annoncions tout à l'heure : la question du rapport entre connaissance et foi.

1. Le « Cantique de la Nuit obscure » est le point de départ des analyses d'Edith Stein, qui très normalement se sert des deux traités explicatifs, la *Montée du Carmel* et la *Nuit obscure*, pour analyser d'abord la nuit des sens, ou « mortification de la joie à désirer toutes choses ». Or, entrer activement, en portant sa croix, dans ce processus de purification doit aboutir à la nuit passive, placée sous l'intervention de Dieu, qui est à considérer comme une mise en croix. On voit ainsi se dessiner le lien entre le symbole et le signe : nuit active ou portement de croix, nuit passive ou mise en croix. Mais on voit surtout le signe de la croix marquer et frapper la première disposition naturelle de l'homme, qui est de vivre dans le monde et selon le monde, et signifier l'amorce d'une connaissance de soi « par laquelle l'âme arrive à sonder sa propre misère ».

Avec la nuit de l'esprit, on assiste à une mortification d'une région supérieure de l'âme, où la foi se substitue à la raison, l'espérance à la mémoire et la charité à la volonté. D'où la nécessité de suivre, dans le pas à pas d'un commentaire serré, les trois purifications de la raison, de la mémoire et de la volonté, et l'analyse des dommages que ces facultés provoquent dans l'âme lorsqu'elles n'obéissent qu'au désir de soi.

La *Montée au Carmel* est un ouvrage inachevé. Les parties que l'on annonçait sur la purification passive ont été développées dans la *Nuit obscure*. Mais ce qui retient l'attention d'Edith Stein est absolument cohérent avec son intention de développer une science de la croix : il faut bien qu'il y ait une connaissance relative à une foi, dont il est dit qu'elle doit se substituer totalement à la raison, une connaissance qui ne doit ni ne peut plus être démonstrative, mais qui peut et doit être contemplative. Cela justifie que l'on fasse varier le concept d'esprit de la raison à l'intuition – Pascal eût dit, de la « géométrie » à la « finesse » –, quitte à signifier aux différentes puissances de l'esprit des finalités nouvelles. On comprend qu'à des endroits différents on doive parler de l'esprit de façon différente.

Cette difficulté comprend différents moments : une analyse de l'activité naturelle de l'esprit, une analyse de la foi, qui manifeste que la mortification des sens et de l'esprit ne peut pas en signifier la destruction en tant que puissances créées, mais la conversion au Créateur. C'est donc vers un nouvel objet – donné dans la foi – que doit se tourner une intelligence inséparable de l'imagination et une volonté inséparable de la mémoire. Or, c'est bien ce qui se manifeste dans la méditation – certes dépassable dans la contemplation :

L'activité par laquelle l'esprit s'assimile intérieurement le contenu de la foi s'appelle méditation. Ici l'imagination présente à nos yeux, sous forme d'images, les événements qui composent l'histoire de notre salut et elle cherche à s'en nourrir par tous ses sens. La raison nous fait connaître sa signification générale ainsi que les conséquences qui en découlent pour chacun de nous. Par là enfin notre volonté est portée à aimer et aussi à mener une vie en conformité avec l'esprit de foi.[154]

Or, de même que la contemplation dépasse la méditation, quelque chose dans l'esprit dépasse ces puissances que sont l'intelligence, la mémoire et la volonté réorientées vers les objets de la foi. On arrive ainsi à un point qui, lorsque l'activité des puissances de l'âme a été suspendue, n'a *pas été touché*. Quelque chose d'*intangible*, comme Edith Stein le dit ailleurs. Et ce « quelque chose », qui se situe au-delà de l'affectivité et de l'intelligence dépendante des sens, doit être au sens le plus propre l'esprit ; selon Jean de la Croix, la *substance de l'âme*, selon Edith Stein l'*individualité* la plus profonde.

Voilà un point où se recoupent parfaitement des analyses de la « Structure ontique de la personne » ou « Etre fini et être éternel » : un point de parfaite convergence entre la réflexion philosophique et la lecture des mystiques.

2. Le parallélisme entre la « Science de la Croix » et la « Structure ontique de la personne » est on ne peut plus sensible dans le chapitre 3, au paragraphe consacré à l'âme dans le Royaume de l'Esprit et des esprits, comportant des sous-titres tels que « Structure de l'âme, Esprit divin et esprits créés », ou « l'âme, le moi, la liberté ».

Faisant retour sur l'image de Château de l'âme et de ses « demeures », Edith Stein propose un commentaire sur l'extérieur et l'intérieur, où percent des accents cartésiens, qui cependant corrigent Descartes : parmi les choses extérieures à l'âme, il faut compter le corps, bien qu'il ne soit pas aussi « purement extérieur » que les choses que qualifient leur étendue ; par contre l'âme « a un être purement intérieur », alors même que sans « sortir d'elle-même », elle peut s'adonner à l'exploration du monde extérieur. Elle a donc « la liberté de se rendre en quelque lieu qui lui plaise, sans quitter son lieu, le lieu de son repos. La possibilité de se mouvoir en soi repose sur la structure de l'âme en tant que moi ». Mais au-delà, l'homme est appelé à vivre son fond intime et de là à prendre en main la conduite de sa vie.

Le centre de l'âme est lieu à partir duquel la voix de la conscience se fait entendre, et le lieu des décisions personnelles libres. Et parce que c'est ainsi et parce que la libre la libre offrande de sa personne est inséparable de l'union à Dieu, le lieu de la libre décision doit être simultanément le lieu de la libre union à Dieu.[155]

Voilà donc une question cruciale posée : peut-on concilier cette conception de la liberté, de ce « grand mystère qui constitue la liberté de la personne » devant lequel Dieu lui-même s'arrête, et que lorsqu'elle y est parvenue à ce fond intime, Dieu opère tout en elle et elle n'a plus rien à faire si ce n'est de recevoir ? La réponse des mystiques est que c'est justement dans cette action de recevoir que s'exprime la part prise par la liberté.

Mais alors, n'y a-t-il que les mystiques parvenus au « mariage » décrit par la *Vive Flamme* ou la « Septième demeure », qui sont vraiment et authentiquement libres ? Selon le commentaire d'Edith Stein, aucun homme mu par des intérêts naturels ne peut parvenir au degré de liberté qui correspond à la nature de l'âme profonde. Il ne suffit pas de chercher ce qui est juste et prendre ses décisions selon ce qu'on croit en connaître ; et même celui qui voudrait faire le bien partout, dispose en fait de lui-même « comme si déjà il se possédait ». Mais si l'on songe à celui qui ne veut plus que ce que Dieu veut, existe-t-il une différence entre cet état et la plus haute union d'amour ?

Toute une série de questions de théologie mystique se posent à partir de là, sur lesquelles varient les commentateurs de Thérèse d'Avila et de Jean de la Croix.

Ces questions établissent des distinctions intelligibles entre l'habitation de Dieu dans sa création, l'inhabitation de Dieu dans l'âme par la grâce, et cette habitation particulière qui figure le « mariage mystique ». Cette habitation d'union parfaite représente-t-elle, par rapport à l'inhabitation par la grâce, déjà reçu par le baptême mais développée jusque dans un état de sainteté, une différence de degré ou de nature ? Edith Stein fait à ce sujet un long commentaire dont l'enjeu est peut-être de se situer elle-même dans ce rapport entre la conformité parfaite à la volonté divine par la grâce et le privilège de l'union mystique.

Les trois sortes d'habitation divine dans l'âme ne diffèrent pas seulement suivant leur degré mais bien suivant leur espèce.

La première, qui consiste à être maintenu dans l'être par le Créateur, n'est pas encore une habitation puisqu'elle ne répond pas au critère d'être l'un dans l'autre. L'habitation produite par la grâce n'est pas encore un « envahissement complet ». L'amour dans son plus parfait accomplissement, c'est être un, dans un libre don, mutuel, et dans la parfaite rencontre de l'éros désirant de l'épouse et de l'agapè de l'Epoux. « Il y a une telle compénétration des personnes qu'elle n'est dépassée que par la circumincession des Personnes divines, d'où elle tire son prototype. » C'est alors que la « Vive Flamme d'Amour » prend tout son sens.

3. Le troisième point sur lequel il faut s'arrêter est celui du rapport entre le symbole de l'Epouse et celui de la Croix. Il n'est peut-être pas sans parenté avec le lien établi ailleurs entre la Crèche et la Croix. Il s'agit en fait du même mystère de l'Amour et de la Croix. Or, le signe de la Croix contient les réalités de l'Incarnation, qui est la « condition » de la Passion, et de la Rédemption, qui est le

« fruit » de la Passion. Mais précisément, cette Passion est à la fois d'Amour et de Mort, et cette conjonction est celle qui, dans la nuit obscure, lie l'angoisse de l'abandon et le désir d'union. Et cela est vrai du Christ dans son innocence comme de l'homme dans son péché ; et dans l'un et l'autre cas, c'est la nature humaine qui est en jeu :

Ainsi l'incarnation est la condition de la souffrance, et la nature humaine, étant capable de souffrir et ayant réellement souffert, est l'instrument de la Rédemption ; en tant qu'exposée à la chute et ayant de fait succombé, la nature humaine est le motif de la souffrance rédemptrice et ainsi le motif également de l'incarnation.[156]

A l'homme déchu, sa dignité perdue est rendue par le baptême et d'une manière éminente et exceptionnelle dans l'union nuptiale. Et cette union s'accomplit « sous l'arbre de la Croix », parce qu'elle est non seulement méritée, mais scellée par la mort du Christ.

C'est là qu'intervient un motif symbolique d'une haute signification théologique : celui de l'identité entre l'arbre de la Croix et de l'arbre du Paradis. Si l'arbre du Paradis est celui de la connaissance du Bien et du Mal, c'est en faisant le mal que l'homme peut le distinguer du bien. Or, de ce mal (mais pas seulement de lui) résulte la Passion et la Mort du Christ, donc la Croix, et c'est par l'union au Christ crucifié que l'âme répète douloureusement et amoureusement, dans la connaissance de soi, la connaissance du bien et du mal : « (…) grâce à la souffrance aiguë provoquée par la connaissance de soi, l'âme se purifie ».

Ce motif de l'Arbre s'enrichit ensuite d'une considération qui correspond au caractère prototypique de la circumincession trinitaire pour l'union mystique : à savoir que l'union entre l'âme épouse et Dieu-Epoux est analogue à l'union, appelée « hypostatique », des deux natures du Christ. Etre lié à la double nature du Christ, c'est souffrir avec lui sur la Croix et être élevé avec lui dans sa Gloire. La dernière phrase d'une précédente édition de la « Science de la Croix » répète par trois fois le mot « croix » : *De cette manière l'union nuptiale avec Dieu, pour laquelle l'âme a été créée, est comparée à la Croix, est consommée avec la Croix et scellée pour l'éternité par la Croix.*[157]

*

C'est encore l'analogie qui, finalement, gouverne ces réflexions sur la mystique de Jean de la Croix. Et ce thème récurrent nous ramène à celui qui en fut, pour Edith Stein, l'inspirateur direct : Erich Przywara, auteur de l'*Analogia entis*, auquel elle doit notamment le thème central de sa théologie : l'analogie du Je suis. C'est pourtant à un autre titre, et pour une autre raison, que je voudrais conclure cet ouvrage par une importante citation du même Père Przywara, tirée d'un numéro des « Etudes philosophiques » (1955. no.3) consacrées à Edith Stein. Au titre d'une réflexion qui ramène au cœur de la phénoménologie puisqu'elle porte sur l'épochè ; et pour la raison qu'il semble bien que ce soit d'Edith Stein que Erich Przywara a tiré une partie de son information sur Husserl et la phénoménologie.

« Pour Edith Stein phénoménologue du pur essentialisme, l'analyse des divers degrés de la montée au carmel, dans sa "Science de la Croix", se confond avec l'accomplissement de ce que signifie l'épochè dans la méthode phénoménologique. L'épochè est phénoménologiquement une 'mise entre parenthèses' du monde sensible existant, un regard qui se tourne exclusivement vers le monde idéal des 'pures essentialités'. D'après l'apparence on obtient, seulement à des fins de méthode, un a priori matériel des essences, pour toutes les sciences du réel. Mais le mot épochè, venant de *epechô*, ne signifie pas seulement un 'geste d'arrêt' amorçant un recul (ce qui correspond à une 'mise entre parenthèses' provisoire), mais également une action positive de 'se porter en avant'. Conformément à cela, dans la phénoménologie classique de Husserl, l'épochè, surgie d'un arrêt (provisoire par méthode), devient un « mouvement en avant » (avec la portée d'un principe) : la convergence exclusive du regard vers le monde idéal des 'pures essentialités' ; finalement avec le Husserl des conférences de la Sorbonne il ne subsiste plus comme monde que le monde monadologique des 'pures essentialités' de l' 'intersubjectivité transcendantale' (Œuvres de Husserl, T. 1, p. 182 ; cf. *In und gegen*, p. 40ss.). Dans cette épochè, considérée sous son aspect fondamental comme 'tension' positive, résonne un ultime 'accent mystique', tel qu'il appartient aux théories des degrés de toutes les mystiques : dans la mystique chinoise de Lao-Tseu, dans l'indienne de la Bhagavadgita, dans la gréco-orientale de Plotin, comme dans celle, chrétienne et néo-platonicienne à la fois, de Denys l'Aréopagite (qui fut le théoricien de la mystique du Carmel) ; cependant cet accent mystique a reçu sa forme absolue dans l'« anéantissement » radical du Bouddha. Pour Husserl, cette épochè, profondément mystique et prise en son principe fondamental, conduisait à l'abîme augustinien de son monde idéal monadologique de l'intersubjectivité transcendantale : jusqu'à l'*in te redi, in interiore homine habitat veritas*, qu'il développa une seconde fois dans ses conférences de la Sorbonne. Mais pour Edith Stein, qui n'adopta jamais, dans son « pur essentialisme », la forme systématique du transcendantalisme, l'épochè se transforma, de 'suspension' qu'elle est à l'origine, en cette épochè radicale du ‘progrès’ à la manière dont l'âme, dans la théorie des degrés de saint Jean de la Croix s' ouvre au monde spirituel et religieux du Dieu invisible à l'esprit, si radicalement et si totalement que, dans cet acte de s'ouvrir en renonçant à l'éclat du monde sensible, elle est transportée, à travers une ‘nuit des sens’ dans une ‘nuit de l'esprit’ et finalement dans la ‘nuit de Dieu’, laquelle, conformément à l'aphorisme de l'Aréopagite, est ‘expansion de lumière’ son forme de ‘tempête – nuit – ténèbres (gnophos)’. Ce qui, chez son maître Husserl, était seulement comme un accent ultime, caché, de son transcendantalisme systématique, l'épochè comme ‘ouverture’ au ‘divin dans l'homme intérieur’, cela devient, dans le ‘pur essentialisme’ d'Edith Stein, un remplissement véritable de cet abîme de l'épochè au moyen de l' ‘anéantissement carmélite’ : du ‘monde des sens’ et du ‘monde de l'esprit’ jusqu'à cette ‘nuit des sens’ et cette ‘nuit de l'esprit’ où le Divin, en ce transcendantal véritable, est éprouvé comme ‘nuit lumineuse’, par-delà tout mode d'expérience, selon la substance des écrits théorétiques de saint Jean de la Croix et de Denys l'Aréopagite, et, conformément à la ‘douce clarté’ du ‘pur essentialisme’ cette expérience est faite dans la ‘ douce clarté nocturne de l'esprit’ (d’après les termes d’Edith Stein dans la "Science de la Croix" pour désigner la ‘réalité ultime’). »

C'est bien le destin philosophique d'Edith Stein qui s'accomplit au Carmel, au-delà, certes, de la philosophie, mais jamais sans qu'un regard d'intelligence n'accompagne le cheminement de son âme enamourée de la Croix.

RELATIONS D'AMITIE

I. Le Cercle de Göttingen. L'amitié entre Hedwig Conrad-Martius et Edith Stein

Nous empruntons à l'excellente commentatrice d'Edith Stein qu'est Mme Angela Ales Bello, de Rome, des informations précises sur le Cercle de Göttingen et des éléments essentiels sur le versant réaliste de l'école phénoménologique, compte tenu en particulier de la « rencontre humaine et intellectuelle entre Edith Stein et Hedwig Conrad-Martius ».[158] On trouvera donc ici une sorte de réplique en miniature des « Grandes amitiés » de Maritain.

Dans le parcours intellectuel d'Edith Stein on retrouve un grand nombre de figures importantes, qui ont marqué son existence. Grâce à sa capacité de créer des relations intime et fidèles, et à sa disposition à toujours saisir dans autrui le meilleur, elle était entourée d'amis sincères. Ceci vaut tout particulièrement pour ceux et celles qu'elle connut à Göttingen : non seulement, cela va de soi, Husserl mais également les chercheurs plus jeunes qui l'entouraient, et en particulier Adolf Reinach et sa femme Anna, Jean Hering et Hedwig Conrad-Martius. L'influence que ceux-ci exercèrent sur Edith Stein fut d'une part intellectuelle, d'autre part religieuse. Elle reçut ainsi du couple Reinach une double impulsion : philosophique et spirituelle.

Parmi les disciples de Husserl, Reinach était la personnalité la plus forte. Dans les années de Göttingen, il entreprit de réviser la méthode phénoménologique, ce dont est issue la phénoménologie dite « réaliste » à laquelle se rattachèrent Hedwig Conrad-Martius, et dans une certaine mesure également Edith Stein.

Par ses investigations pénétrantes sur l'essence, notamment en regard des spéculations des Grecs, Jean Hering apporta une importante contribution au développement de cette thématique et influença ainsi tant Edith Stein que Hedwig Conrad-Martius. C'est ainsi que, dans un article du Vol. IV du *Jahrbuch*, il distinguait soigneusement entre *Wesen, Wesenheit et Idee*, donc entre la nature ou le mode d'être d'une chose, ce qu'elle est en soi et les idées qui peuvent lui correspondre. Ce qui se distançait nettement de Husserl, pour qui le *Wesen* se distinguait tant de l'*ousia* aristotélicienne que de l'*eidos* platonicien.

Les relations entre les deux femmes sont particulièrement intéressantes. A l'intérieur du groupe des adeptes de la phénoménologie et plus généralement dans le cadre de la spéculation philosophique de ce siècle, ces deux personnalités prennent une place exceptionnelle. Il s'agit en effet de deux femmes que distingue l'originalité de leurs travaux dans le domaine de la recherche philosophique. Il semble par ailleurs que la méthode phénoménologique, qui semblait attirer de jeunes savantes – que l'on songe à Gerda Walther ou à Hannah Arendt – ait particulièrement correspondu à la sensibilité féminine puisqu'elle se fonde sur une disponibilité particulière à recevoir tout ce qui se présente, quitte à ce que ce « donné » soit interprété d'une manière critique et interrogé sur ce qui en fait l'essence. Les investigations sur l'essence – que la phénoménologie husserlienne avait abordé à l'occasion de la réduction eidétique, constitue le fil rouge qui relie le Cercle de Göttingen, et en particulier Edith Stein et Hedwig Conrad-Martius.

Pour résumer les positions de Hedwig Conrad-Martius, on peut signaler deux apports à une théorie de la réalité. Le premier est une insistance toujours plus marquée sur l'existence ou la facticité des réalités, ou sur la composition du réel en un porteur et une quiddité *(Washeit)*, sans que cela n'identifie la réalité à la matérialité d'un support de déterminations. Le second est d'assigner à l'*ontologie* la tâche d'analyser la constitution fondamentale de ce qui est, déterminante pour le monde du réel sous toutes ses formes, par laquelle et dans laquelle ce monde devient possible.

En se détournant de Kant, dont l'idéalisme transcendantal était l'aboutissement extrême, Hedwig Conrad-Martius se rapprochait de la scolastique, surtout en ce qui concernait la réalité ou l'actualité du Réel. Pourtant, elle cherchait à étendre sa conception de la réalité, car elle craignait que le concept scolastique de la réalité soit trop « naturaliste ». C'est également sur des questions de méthode qu'elle se distingue de la tradition scolastique.

En résumé, cette position « réaliste » retient de la phénoménologie husserlienne la méthode descriptive et intuitive qui incline à souligner l'importance des choses et des faits, et donc de l'objet en question ; et pourtant, c'est la *réalité* de la chose qu'il s'agit d'inventorier : sa configuration dans l'être. Et c'est sur ce point que les positions se séparent : la phénoménalité n'épuise pas la réalité.

On a vu – au chapitre consacré au thème de la Nature – que l'ontologie de son amie a beaucoup contribué à développer l'intérêt d'Edith Stein pour la structure des êtres naturels ; mais c'est également sur la question de la structure du sujet ; non plus seulement en tant que conscience constituante, ou en tant que sujet d'activités cognitives ou volitives, mais en tant que *personne* spirituelle, que se manifestent finalement d'amicales divergences entre Hedwig Conrad-Martius et Edith Stein.

II. Edith Stein et Adolf Reinach[159]

Dès son arrivée à Göttingen, le 17 avril 1913, la jeune étudiante qu'était Edith Stein se présenta –comme on le lui avait conseillé à Breslau – à l'assistant principal du professeur Husserl, le privat-docent Adolf Reinach. Il avait 29 ans, elle 21. D'emblée, il fut pour elle un modèle. Et dès la fin du semestre d'été elle se proposa de présenter au Maître le thème de son travail de licence, qui portait sur l'« Einfühlung », l'empathie, un concept dont il avait été brièvement question dans un cours sur « Nature et esprit ». Mais le Maître lui conseilla de prévoir ce travail comme examen d'Etat *(Staatsexamen)*, ce qui la conduisit à se laisser guider par Adolf Reinach. Ce n'est qu'après qu'il l'eût encouragée et conseillée durant deux ans, que se nouèrent des relations de véritable amitié entre Edith Stein et le couple Reinach. La fête de Noël 1915 – lors d'un congé militaire d'Adolf, engagé en août 1914 – fut l'occasion d'un rapprochement dont les conséquences furent des plus lourdes pour Edith Stein. Un an plus tard, à la Noël de 1916, elle retrouva un Reinach essentiellement préoccupé de questions religieuses. En janvier 1917 il avait demandé, avec sa femme Anna, tous deux d'origine juive, le baptême dans l'Eglise luthérienne. Le 16 novembre 1917, Reinach tombait dans les Flandres. L'exemple qu'elle sut donner d'une souffrance ressentie avec toute la dignité d'une croyante, fut de la part d'Anna Reinach un témoignage qu'Edith reçut comme une première prémonition du sens de la Croix. – Sur la demande d'Anna Reinach, Edith Stein s'occupa à préparer pour publication les manuscrits du jeune philosophe : notamment un travail sur l'« Essence du mouvement » et des esquisses d'une philosophie de la religion. Les *Gesammelte Schriften* parurent en fait en 1921 sous le titre de *Sämtliche Werke*, en deux volumes.[160]

Outre le fait général que Reinach présenta pour elle une alternative réaliste à l'idéalisme de Husserl, Edith Stein emprunta dans ses trois grands travaux proprement phénoménologiques, échelonnés entre 1917 et 1925, divers thèmes de l'*Einleitung in die Philosophie* que Reinach donna en été 1913. Ainsi dans l'*Einfühlung*, la « donnée immédiate » de l'autre, et dans les *Beiträge*, la conception du silence comme un champ positif et le jugement sur les « actes spontanés nécessités » comme des actes non-libres. Elle semble s'être distancée de ce cours lorsqu'elle admet que les *Stimmungen*, les dispositions d'esprit sont, elles aussi, des actes intentionnels.

La théorie de Reinach, inspirée de Husserl, sur les états-de-chose, (*Sachverhalte*), telle qu'il l'a présenta en 1911 dans un article sur les jugements négatifs[161]eut quelque effet sur la pensée de Stein. Elle aussi admettait, dans les *Beiträge*, que seuls des états-de-chose, mais non les objets pouvaient se trouver dans une relation logique de cause et d'effet.

Reinach et Stein, dans *Eine Untersuchung über den Staat*, s'accordent sur le fait qu'il existe à côté du droit positif un droit non écrit, intemporel.[162] A la différence de ce dernier, le droit positif est une disposition temporaire « posée » par des actes de décision. L'auteur de cette « position » est l'Etat, mais en tant que tel, n'étant pas une personne, l'Etat ne peut accomplir de tels actes. Ce sont toujours des individus déterminés qui, en tant que représentants des autres citoyens, posent ces actes de juridiction.

Plus problématique est le rapport de Stein à la théorie des « actes sociaux » de Reinach, parmi lesquels on compte tant les décrets que les autorisations par délégation. Selon Stein, ces actes doivent se caractériser comme des actes dirigés sur d'autres personnes. Or, selon Reinach, cette caractéristique est celle des « actes-vers-autrui » (*fremd-personale Akte*) parmi lesquels on trouve tant des actes non-sociaux (par ex. le pardon) que des actes sociaux (par ex. une question, une demande, un ordre). En revanche, Reinach détermine les actes sociaux comme des actes à l'attention d'autrui, c'est-à-dire comme des actes auxquels l'autre doit avoir répondu pour que l'on puisse les considérer comme accomplis. Mais il y a également des actes qui ne sont pas adressés à autrui, (par ex. l'affirmation ou la définition). En mélangeant ce que Reinach tient séparé, Stein en vint à considérer comme « sociaux » – au sens de Reinach – des actes qui n'ont rien de commun avec ceux-ci. Dans sa thèse de 1917, elle range les « expressions occasionnelles » de Husserl parmi les actes sociaux, ce qui est incompatible avec la théorie des actes sociaux effectués dans la parole;[163] et dans les *Beiträge* de 1922, ce sont des actes-vers-autrui non sociaux, comme le pardon, ou des dispositions envers autrui, comme l'amour, la reconnaissance ou la confiance, qu'elle considère comme des « actes sociaux », laissant tomber la distinction entre l'orientation d'un acte vers autrui et la réception de l'acte par autrui.

Deux autres formes de malentendu consistent en ceci, que si Stein considère bien les actes sociaux, adressés à autrui, comme fondés dans un acte intrapsychique non social, dans le cas du décret, ce qui le caractérise comme tel est distinct de ce fondement « psychique ». Par conséquence un raisonnement ou un désir peut fonder un décret sans le déterminer comme décret : les lois ne doivent leur validité ni à un projet ni à des délibérations. En revanche, pour Reinach la volonté est seule à pouvoir compter comme principe intrapsychique intégral.

D'autre part, du fait de son interprétation de l'acte social comme dirigé sur une personne, Stein ne comprend pas la décision juridique comme un acte impersonnel, orienté sur l'être d'un état-de-chose, mais comme un ordre à adresse indéterminée. D'où sa conception de l'Etat comme adressant ses décrets à des « sujets », mais également sa vision d'une vocation personnelle, voire spirituelle, de service de l'Etat. Reinach l'eût sans doute suivie sur ce terrain-là, lui qui, en août 1914, bien qu'inapte au service armé, insista pour être enrôle dans l'armée du Kaiser.

Edith Stein n'a jamais été une adepte exclusive de Reinach. D'abord, elle s'est nommément placée sous l'égide de Husserl, qu'elle reconnaissait comme son maître. Or, la théorie reinachienne des « actes sociaux » (comme toute la théorie munichoise des « actes de parole ») se développa contre les positions de Husserl. On ne doit donc pas s'attendre de voir Stein épouser partout et en tout le point de vue de Reinach. On notera pourtant qu'elle demeura fidèle à l'orientation générale réaliste de la phénoménologie de Göttingen – donc au type de pensée développé par Reinach. Cela se manifeste encore dans son œuvre tardive, lorsqu'elle prend la voie d'une théorie de l'être (fini ou éternel). Or là se font sentir des influences qui en partie annulent la première. Comme l'indique le sous-titre, il ne s'agit pas simplement de l'être, mais selon la fameuse formule heideggerienne du « sens de l'être ». Certes, la distance entre les essais d'ontologie de l'école de Göttingen (dans le style de Reinach) et l'ontologie fondamentale de Heidegger est moindre que la position de l'un et de l'autre à l'endroit du transcendantalisme husserlien. Cela ne signifie pourtant pas que l'œuvre ultérieure d'Edith Stein puisse encore être considérée comme un dernier effet de la pensée d'Adolf Reinach.

III. Un cher ami, Hans Lipps

Waltraut Herbstrith publia en 1989, dans le vol. VI du « Dilthey-Jahrbuch für Philosophie und Geschichte der Geisteswissenschaften », un important article sur les rapports entre Edith Stein et Hans Lipps. Nous en extrayons ce qui peut apporter un éclairage intéressant sur les amitiés d'Edith, liées à ses années d'études à Göttingen et Freiburg. Les citations d'Edith Stein son tirées de *Aus dem Leben einer jüdischen Familie.*

En 1913, Edith Stein sut, elle aussi, apprécier la probité philosophique et les qualités humaines de Hans Lipps. Lorsqu'elle quitta son Université d'origine, Breslau, elle le faisait, comme l'avait fait Hans Lipps deux ans plus tôt, pour rejoindre le phénoménologue Edmund Husserl. Elle abandonna l'idée d'une thèse en psychologie chez William Stern, pour se consacrer entièrement à la philosophie à Göttingen. Qu'est-ce qui attirait ces jeunes intellectuels vers la personnalité du professeur Husserl, certes plein d'esprit mais pourtant bien sec ? L'amie intime d'Edith Stein, Hedwig Conrad-Martius, également disciple de Husserl, l'exprime ainsi :

« Nous ne possédions pas de jargon spécialisé, et surtout pas de système commun. Ce qui nous unissait n'était autre qu'un regard ouvert sur ce qui pouvait être atteint de l'être sous toutes ses formes pensables (pour autant qu'il ne s'agisse que de l'essence), et les perspectives étonnantes qui s'ouvraient pour la recherche fondamentale (la recherche fondamentale de toutes les recherches fondamentales !) de toutes les sciences possibles. C'était l'éthos de la pure objectivité, d'une propreté (que Wust appelait de la “chasteté”). Cela déteignait naturellement sur la mentalité, le caractère et les modes de vie. Il allait donc de soi que nous soyons tous liés d'amitié, quelques soient notre origine, notre race, notre confession. Edith Stein était une phénoménologue née. Son esprit sobre, clair, objectif, l'y prédestinait. »[164]

L'un de ses jeunes amis, Hans Lipps, qui lui « plaisait beaucoup » appartenait au cercle d'Adolf Reinach, la main droite de Husserl. L'hiver 1913/1914 il présidait la Société de philosophie. Edith Stein entra rapidement en contact avec Husserl et les autres phénoménologues. Elle dut également supporter la jalousie des quelques dames du séminaire philosophique, car elle participa bientôt activement aux discussions. Reinach, mûr et posé, savait aplanir toutes ces petites difficultés. « C'est Hans Lipps qui me faisait la plus forte impression » se souvient Edith Stein vingt ans après. « Il avait alors 23 ans, mais avait l'air beaucoup plus jeunes. Il était grand, élancé, mais robuste, son beau visage expressif avait la fraîcheur d'un visage d'enfant et de ses grands yeux ronds il posait un regard sérieux – interrogateur comme ceux d'un enfant. » Et Edith Stein de poursuivre : « En général il donnait son avis d'une phrase courte mais très précise. Si l'on demandait des précisions, il déclarait qu'on ne pouvait en dire plus, la chose étant claire par elle-même. Nous devions nous contenter de cela et nous étions tous persuadés de l'authenticité et de la profondeur de ses intuitions, même lorsque nous n'étions pas capables de le suivre. Lorsque les paroles lui manquaient, c'étaient ses yeux qui parlaient, et d'autant plus expressivement ses mimiques involontaires. Cet été là, il ne pouvait pas assister régulièrement à nos soirées, car il préparait à la fois sa propédeutique de physique et son doctorat ès sciences (Phil II) – avec un travail de physiologie botanique. Les études de médecine et de science occupaient les heures où l'on ne pouvait pas philosopher [...]

Au semestre d'hiver 1913/14 Edith Stein connut un « véritable désespoir », car après un entretien avec Husserl elle se jeta, sans s'en expliquer avec les autres, sur son travail de doctorat. Son amie Rose Guttmann était repartie après ce premier semestre passé en commun et Edith Stein se sentie seule. Hans Lipps projetait de passer le semestre d'été avec Jean Hering à Strasbourg.

« Hans Lipps avait entendu parler, par Mos [Georg Moskiewicz], de mon sujet et me fit savoir qu'il s'y intéressait beaucoup et qu'il aimerait bien que nous en parlions. Un jour, après le séminaire de Husserl, il me pria de venir chez lui. » [...] Edith Stein raconte alors comment elle présenta son projet, quelles objections lui fit Lipps, mais comment aussi il les retitra toutes en apprenant que Reinach l'avait approuvé : « Biffez tout ce que j'ai dit. J'ai le plus grand respect pour Reinach. »

La déclaration de guerre, en été 1914, fut un coup de tonnerre dans le monde bourgeoisement préservé des phénoménologues. Aujourd'hui, nous ne pouvons plus nous imaginer ce que fut leur enthousiasme pour la guerre. Lipps publiait encore en 1935 un écrit intitulé « Der Soldat des letzten Krieges » (*Le soldat de la dernière guerre*), où à côté de notes phénoménologiques intéressantes, il cherchait à donner un sens – aujourd'hui incompréhensible – à la guerre. Ce n'est qu'au vu des crimes nazi que, quelques mois avant sa propre mort, en 1942, il changea totalement son point de vue.

Cet enthousiasme, Edith Stein le partageait. L'Etat et la conduite de la guerre étaient pour elle choses presque mythiques. Mais comme elle ne pouvait aller au front avec ses camarades, elle se forma comme aide-infirmières et secourut, dans un hôpital de Moravie, d'une manière exemplaire, des blessés graves et des mourants. Cartes et paquets maintenaient toutefois le contact avec ses camarades sur le front.

Reinach lui aussi partagea cet enthousiasme patriotique et lui aussi rejoignit le front. Combien Edith Stein était heureuse lorsqu'il lui écrivit : « Chère Sœur Edith ! Maintenant nous sommes des camarades de guerre. », après qu'il eût appris son engagement dans cet hôpital. Et au contraire de Fritz Kaufmann – un autre phénoménologue qu'Edith Stein compta parmi ses amis – il jouissait profondément de la liberté que lui valait la vie militaire. L'ordre bourgeois lui paraissait un corset dont il fut heureux de se défaire.

L'appel de Husserl dans la chaire de Rickert à Freiburg i. B. en 1916, signifia pour Edith Stein un élargissement de son horizon. Elle dut suivre Husserl à Freiburg ; entre temps, elle avait fait à Breslau des remplacements dans un lycée. C'est pourtant le travail scientifique qui pour elle urgeait. Elle soutint sa thèse sur l'*Einfühlung* en 1916, puis devint l'assistante de Husserl. On lui doit la transcription des cours sur la conscience interne du temps (ultérieurement édité par M. Heidegger) et de *Ideen II*. De son voyage à Freiburg elle relate :

« Une grande joie m'attendait à Dresden. Hans Lipps y était chez sa mère, mon premier jour de vacances était son dernier jour de permission, nous pouvions juste encore nous rencontrer à Dresde et voyager ensemble jusqu'à Leipzig. Il m'attendait à la gare. Nous attendîmes notre train dans un café aux environs de la gare. Nous échangions des nouvelles de notre cercle d'amis. Il me demanda alors : « Appartenez-vous aussi à ce club à Munich qui va tous les jours à la messe ? Je dus rire de sa drôle de manière de parler, alors que le manque de respect me choquait. Il parlait de Dietrich von Hildebrand[165] et de Siegfried Hamburger, qui s'étaient convertis et qui se montraient fort zélés. Non, je n'en fais pas partie. J'aurais presque dit : « Malheureusement pas ». (ESGA 2, p. 280-81).

L'activité d'assistante personnelle de Husserl, de 1916 à 1918, fut à de nombreux égards pour Edith Stein une période de crise. Au fond, en tant que femme, elle n'avait obtenu cette place que parce que ses collègues masculins étaient au front. Comme la phénoménologie de Husserl était inconnue aux étudiants de Freiburg et que les cours de Husserl ressemblaient plus à des monologues qu'à des introductions de caractère pédagogique, il désigna Edith Stein comme responsable de pro-séminaires. Elle était surchargée de travail, mais n'avait aucune perspective d'avenir. Dans une lettre à Daniel Feuling, Husserl écrivait qu'il ne l'avait jamais préparée comme ses collègues masculins à la vie universitaire. Husserl n'était pas favorable à l'habilitation des femmes. Dans ses lettres à l'ami phénoménologue Roman Ingarden, Edith Stein exprime nettement son désir de pouvoir se livrer à un travail autonome. Après un an et demi elle se sépara de Husserl, mais sans vouloir rompre définitivement toute collaboration.

IV. Lettres à Roman Ingarden

Né à Cracovie en 1893, mort dans sa ville natale en 1970, Roman Ingarden devint le disciple polonais de Husserl après avoir étudié les mathématiques auprès de Hilbert. Condisciple d'Edith Stein à Göttingen, promu en 1918, il fit une carrière universitaire à Lvov – plus tard interrompu par la guerre –, puis à Cracovie, où taxé d'idéaliste par l'intelligentsia au pouvoir il fut interdit d'enseignement de 1949 à 1956.

Phénoménologue de tendance objectiviste, il avait familiarisé l'école husserlienne à la philosophie de Bergson, puis avait dirigé son effort vers une esthétique, notamment dans « L'œuvre d'art littéraire » (1931) et dans une « Ontologie de l'art » (1962) qui inclut la cinématographie, et vers une ontologie du monde, illustrée par son œuvre la plus fameuse : *Der Streit um die Existenz der Welt* (La querelle sur l'existence du monde, 1964-65).

On s'est pendant longtemps demandé ce que les lettres d'Edith Stein à Roman Ingarden pouvaient bien contenir en fait d'échanges philosophiques. La correspondance de ces deux phénoménologues qui ont certes suivi des chemins assez différents, mais qui ont été dans un contact personnel étroit et l'ont entretenu, s'étend de 1917 à 1938. Nous ne pouvons en prendre connaissance que de manière unilatérale, puisque ne nous restent que les lettres d'Edith

Stein. Les réponses du philosophe polonais ont été vraisemblablement détruites.

Dans la biographie d'Edith Stein, deux relations amicales avec des collègues masculins sont à souligner : l'amitié avec Hans Lipps, qui fut liée chez elle à des espoirs de mariage ; et l'amitié avec Roman Ingarden.

La lecture de ces lettres révèle en particulier l'image de la « famille des phénoménologues », de ce groupe des étudiants et étudiantes de Husserl, dont Edith Stein attendait qu'ils représentassent vraiment ce qu'elle semblait désirer dans son for intérieur et presque inconsciemment : une communauté intellectuelle, une famille scientifique, un cercle d'« éclairés et d'élus ».

La dispersion due à la première guerre mondiale et à la période d'après-guerre, la mort d'Adolf Reinach, dans le cas de Roman Ingarden le retour dans la patrie polonaise renaissante, les relations difficiles avec Hans Lipps, et avec Husserl au sujet des conditions de travail imposées à Edith Stein, etc., tout cela a conduit à des tensions intérieures contraires à ce que cette communauté aurait dû être. Edith Stein ne trouvera que dans le milieu monacal l'accomplissement de son aspiration à la retraite : d'abord à Spire, chez les dominicaines, et finalement au Carmel.

A la lumière de cet échange de lettres, la conversion n'apparaît pas seulement comme une découverte de la vérité religieuse, ni comme le passage de la sphère intellectuelle de la philosophie au « royaume spirituel » d'un sens nouveau de la vie, mais aussi comme une issue à une crise intérieure dans laquelle se manifeste un certain manque d'assurance, voire une fragilité psychique. De Breslau, le 16 septembre 1919, Edith Stein dit d'elle-même : « physiquement, c'est parfait comme toujours ; mentalement tout à fait passable, à condition d'y mettre une énergie suffisante ; au moral, extrêmement chancelante, mais ce pourrait être pire ; psychiquement (traduisez, si vous voulez : nerveusement) constamment misérable ».

Un autre aspect du travail d'Edith Stein est attesté dans cette correspondance : les soins qu'elle consacre à la rédaction du *Jahrbuch*, des « Annales de phénoménologie et de recherche philosophique ». Que d'efforts, que de peine pour arracher aux différents auteurs – dont Roman Ingarden – leurs textes, pour respecter les délais, pour assurer dans des temps difficiles édition et impression ! Que de lettres en témoignent ! Ce n'est pas le lieu ici d'en dresser un tableau détaillé. Une monographie sur l'histoire de *Jahrubuch* serait sûrement d'un grand intérêt ; là aussi se manifesterait de la part d'Edith Stein un désir prononcé de maintenir ensemble la « famille » des phénoménologues désormais dispersés.

Bergzabern, où vivent et travaillent les Conrad-Martius, semble alors, d'après les notes d'Edith Stein, un asile enfin sûr :

Il est si beau de voir comment désormais, peu à peu, se crée spontanément le lien entre phénoménologues pour lequel je me suis naguère donné en vain tant de peine. Seul Freiburg était encore un point noir » (Lettre du 22.IX.1921).

1. Questions religieuses

L'échange de lettres avec Roman Ingarden (W XIV) contient des éléments d'une discussion des problèmes religieux, qu'il convient d'aborder avec d'entrer dans le vif des sujets philosophiques.

Roman Ingarden a pris très nettement ses distances vis-à-vis de la religion, et il en parle sur un ton qu'Edith Stein ne peut pas accepter, mais auquel cependant elle réagit avec beaucoup de compréhension, eu égard à sa propre évolution. C'est ce dont traite la lettre 84 du 19 juin 1924, où elle parle de sa traduction de Newman, que « sa recherche de la vérité religieuse a conduit à l'Eglise catholique nécessairement et inéluctablement » :

Je me trouve aujourd'hui à un point qui m'a fait apparaître la réponse à vos lettres comme une entreprise d'importance. Quand j'eus lu les dernières lignes, je me demandai : comment est-il possible qu'un homme formé aux disciplines scientifiques, qui émet la prétention rigoureuse à une objectivité et qui ne se prononcerait pas sur le moindre problème philosophique sans une recherche approfondie – expédie les problèmes les plus importants en une phrase qui fait penser au style d'une feuille de chou. Je pense à « l'appareil de dogmes imaginé pour dominer les masses » : Ne prenez pas cela pour un reproche personnel. Votre attitude est tout à fait typique des intellectuels dès lors qu'ils n'ont pas été élevés dans l'Eglise, et jusqu'à il y a quelques années je n'ai pas agi autrement. Permettez-moi quand même, du nom d'une vieille amitié, de transformer le problème général en une question intellectuelle et de conscience, adressée à vous. Combien de temps (y compris les heures de religion à l'école) avez-vous passé à l'étude du dogme catholique, de ses fondements théologiques, de son évolution historique ? (...) De quel droit pouvez-vous représenter les grands maîtres et les grands saints de l'Eglise soit comme des imbéciles soit comme des imposteurs retors ? On ne peut certainement exprimer un soupçon aussi monstrueux, tel que celui que vous exprimez, qu'après un examen minutieux de tous les faits qui entrent en jeu. Voulez-vous – pour l'amour sinon de vous, du moins de moi – vous poser, pour une fois, en toute objectivité, ces questions, et y répondre ? Y répondre seulement pour vous-même – et non pour moi, si cela ne vous agrée pas.

La lettre 95, datée du 13 décembre 1925, revient sur ces difficultés :

Ce n'est pas tant la divergence des « opinions » qui m'a gênée, mais une certaine animosité, qui me semblait sourdre de ces lettres. Aussi peu que le catholicisme est une « religion du sentiment » et que l'on a justement ici affaire à des questions de vérité, c'est également une affaire de vie et de cœur. Et comme que le Christ est le centre de ma vie, et l'Eglise du Christ ma demeure ». « Naturellement je ne voulais nullement contester qu'il y ait eu entre nous – mis à part tout le reste – une amitié réelle et que je la considère comme quelque chose de précieux. Mais quand je jette un regard en arrière sur cette époque, ce qui apparaît toujours au premier plan est la disposition intérieure désespérante dans laquelle je me trouvais, le désarroi et les ténèbres indicibles.

La lettre 119, du 1er janvier 1928, donc trois ans plus tard, est encore plus insistante. Edith Stein se demande si cela *« a encore un sens de s'engager dans de tels débats »*. Les doutes sur le sérieux des discussions religieuses avec Roman Ingarden n'ont fait que croître.

Je me rappelle bien ce qu'il en était de moi avant que le bandeau ne fût ôté de mes yeux. J'aurais pu alors dire des choses tout à fait analogues, et aucune discussion théorique ne m'aurait fait entendre raison (...). Si vous prenez réellement au sérieux la quête de vérité dans les choses religieuses, c'est-à-dire la quête de Dieu, sans le sauf-conduit d'une expérience religieuse, alors vous trouverez sans aucun doute un chemin.

D'où le chemin qu'elle propose à son ami dans la lettre 120 du 2 octobre 1928, pour pouvoir maintenir ce dialogue :

Comme issue pratique je ne peux que vous faire une proposition : que vous écriviez à ce sujet, à chaque fois que vous en éprouvez le besoin, mais que vous vous en remettiez à moi sur le point de savoir si et dans quelle mesure je trouve opportun de répondre.

Elle lui fait aussi la proposition positive de « s'en tenir aux écrits des grands saints et mystiques », et donne même à son ami des indications biographiques à cette fin (Lettre 119).

2. Problèmes philosophiques

La part proprement philosophique dans les lettres d'Edith Stein à Roman Ingarden est moins importante que l'on n'aurait pu l'imaginer ou le souhaiter. Le fonds des pensées disséminés à travers ces lettres peut pour l'essentiel être résumé sous trois rubriques :

– de la théorie de la constitution et des problèmes idéalisme-réalisme ;
– métaphysique et phénoménologie ;
– communauté étatique et populaire.

§1. Idéalisme et constitution

Le 3 février 1917 (lettre 6) Edith Stein fait à son ami le récit d'une « promenade philosophique » en compagnie du « maître » (Husserl), qui l'a mise de nouveau dans une humeur confiante :

Du reste, à la suite de cette conversation, il s'est produit en moi, très soudainement, une avancée, grâce à laquelle je m'imagine savoir à peu près ce qu'est la constitution – mais à condition de rompre avec l'idéalisme ! Une nature physique existant absolument, d'un côté, une subjectivité de structure déterminée de l'autre, me semblent devoir être présupposées pour qu'une nature évidente puisse se constituer. Je ne suis pas encore parvenue au point de confesser au maître cette hérésie.

Une théorie rigoureusement idéaliste de la constitution reconnaît à la conscience la production du « sens » ; reconnu pour vrai, il est « constitué » comme tel par l'acte cognitif. Ici Edith Stein distingue une nature *existant* absolument d'une nature *évidente*, qui peut aussi être appelée « monde ».

Cette découverte est un point saillant dans le débat sur le genre d'idéalisme que les *Ideen I* de Husserl semblaient introduire, et qui s'est développé en un « idéalisme transcendantal » que beaucoup ont ressenti comme un « retour à Kant ». La philosophie d'Edith Stein, de son côté, prend sa source dans une tentative d'édifier une doctrine qui ne conçoive pas les idées comme des substances, avec Platon, ni ne réduise la vision d'essence à des actes cognitifs purs :

... idéalisme, constitution, idées et essences me semblent être des problèmes allant de pair et inséparables » (Lettre 37).

Sur le débat de l'idéalisme, la lettre 37 du 24 juin 1918 : *L'idéalisme est à nouveau à l'ordre du jour. Husserl a récemment repris le traité de l'an passé sur phénoménologie et théorie de la connaissance, et a retrouvé une note où je réclame de lui qu'il revoie encore une fois son argumentation et que, sur la question de l'idéalisme, il indique la couleur. Il le ferait volontiers. Il cherche à rassembler tout ce qu'il a sur la question, et il m'en a parlé ces derniers jours (...). N.b. : je me suis moi-même convertie à l'idéalisme, et crois qu'il peut être interprété de telle sorte qu'il soit aussi métaphysiquement satisfaisant. Mais il me semble que beaucoup de ce qui se trouve dans les* Ideen *doit être compris autrement, et cela dans le sens de Husserl, à condition qu'il réunisse tout ce qu'il a, et qu'au moment décisif il ne perde pas de vue quelque chose qui appartient nécessairement au sujet.*

Ce n'est pas contre Husserl, mais contre Kant, au côté de Husserl et au-delà de lui, qu'Edith Stein a le sentiment d'« une satisfaction métaphysique » apporté par un idéalisme d'une autre nature, qui ait pour contenu un ordre ontologique spirituel. Ce que cela entraîne ressort dix ans plus tard de la lettre 110, du 2 octobre 1927 :

Que sur le chemin des problèmes de constitution (que je ne sous-estime assurément pas), on doive ou puisse être conduit à l'idéalisme, je ne le crois pas. Il me semble que cette question ne peut absolument pas être résolue par des voies philosophiques, mais qu'elle est toujours déjà résolue lorsque quelqu'un commence à philosopher. Et puisqu'ici c'est en fin de compte une position personnelle qui intervient, on peut comprendre que dans le cas de Husserl aussi, ce point soit pour lui indiscutable.

§2. Métaphysique et phénoménologie

En février 1917, Ingarden n'a apparemment pas encore pris les positions antireligieuses et antimétaphysiques qui devaient se durcir plus tard. Sur ce sujet, comme passage au problème de la métaphysique, la lettre 9, du 20 février 1917 :

Je me réjouis beaucoup que vous vous soyez heurté aux problèmes religieux. Dans ces conditions vos cheveux ne se seront pas trop dressés sur la tête aux passages « métaphysiques » de ma dernière lettre. Je trouve qu'on rencontre partout ce problème (sans parler de l'expérience religieuse) ; il est impossible d'achever une doctrine de la personne sans aborder la question de Dieu, et il est impossible de comprendre ce qu'est l'histoire. Naturellement je n'y vois pas encore clair. Mais dès que Ideen II *sera prêt, j'aimerais m'attaquer à ces sujets. Ce sont par excellence les questions qui m'intéressent. Peut-être lirons-nous ensemble saint Augustin, quand vous reviendrez ?*

Il semble qu'elle ait alors déjà lu Augustin ou au moins qu'elle l'ait parcouru pour pouvoir écrire que la personne et l'histoire ne doivent pas être séparées de la connaissance de Dieu.

La lettre 80, du 13 décembre 1921, a pour sujet le livre d'Hedwig Conrad-Martius : *Metaphysische Gespräche*, paru en 1921, et auquel Roman Ingarden a réagi très négativement :

Je ne sais pas si vos craintes pour la phénoménologie sont justifiées. Naturellement ce n'est pas de bout en bout de la phénoménologie. Frau Conrad elle-même en est consciente. Mais une métaphysique qui ne consisterait qu'en analyses rigoureuses est impossible. D'un autre côté, quand quelqu'un est saisi par les problèmes métaphysiques – quelqu'un qui n'écrit jamais autrement que sous une contrainte irrésistible – doit-on lui interdire d'y céder ?

Mais que peut-il en sortir ? Ce ne sont pas des « fables poétiques » ; vous le remarquez vous-même, autrement cela ne vous inquiéterait pas tant. Vous pressentez qu'il y a là-dessous une exigence de vérité. Que peut bien être cette vérité ? Quelle est la méthode pour s'en saisir ? Vous ne pouvez guère nier qu'il s'agisse en partie de relations cohérentes claires, rigoureusement phénoménologiques. Ce qui va au-delà (...) nous pourrions le taxer de spéculation si nous laissions de côté les connotations déplaisantes du terme, et pensions à sa signification originelle.

Je crois que c'est là que se situe l'accès aux questions métaphysiques, et qu'aussi vrai que chaque philosophe est au fond de son cœur un métaphysicien, tout un chacun spécule, explicitement ou implicitement. Chez l'un la métaphysique se montre, chez l'autre elle reste entre les lignes. Tout grand philosophe a sa propre métaphysique, et il n'est pas dit qu'elle doive être accessible à tous. Elle est étroitement – et légitimement – liée à la foi.

On peut en même temps pratiquer la phénoménologie selon une méthode qui en fait une philosophie rigoureusement scientifique, et avoir en métaphysique une position diamétralement opposée. Il en va évidemment ainsi de Husserl et de nous.

La lettre 101 du 28 novembre 1926 donne de nouvelles indications:

Ma position vis-à-vis de la métaphysique est autre que ce que vous soupçonnez. Je veux dire qu'elle ne peut se construire que sur une philosophie qui doit être aussi critique que possible – bien sûr, critique aussi envers ses propres possibilités – et sur une doctrine positive de la foi (c'est-à-dire fondée sur la Révélation). Toute métaphysique qui se façonne un « système » à partir de l'esprit du philosophe, sera toujours en grande partie une construction de l'imagination, et c'est pour ainsi dire un hasard heureux si elle renferme un grain de vérité. Cela vaut aussi pour Scheler (...) dont la pensée est toujours plus aventureuse depuis qu'il s'est séparé de l'Eglise. Une métaphysique, telle que je la conçois, devrait être précédée d'une délimitation critique de ce que la philosophie (c'est-à-dire, essentiellement, théorie de la connaissance + ontologie) et la théologie, chacune de son côté, ont à accomplir : une délimitation critique de part et d'autre. Et je mets un grand point d'interrogation derrière le « fondement définitif » de la théorie de la connaissance par elle-même. Celui qui n'a sous les pieds aucune base de foi est certes conséquent – du point de vue de la conscience scientifique – lorsqu'il renonce à la métaphysique et donc à une Weltanschauung cohérente. Mais il n'y a qu'un rationaliste ou un intellectualiste fanatique pour tenir cette position jusqu'au bout. Et ceux-ci sont aujourd'hui en voie de disparition.

« Vision du monde » *(Weltanschauung)* a ici le beau sens d'une doctrine porteuse de vie, et non celui d'une idéologie. C'est l'enseignement de Romano Guardini, dans sa période de Munich, sur la « *Weltanschauung* chrétienne ». Pour ce qui est de la « disparition des rationalistes fanatiques » nous savons mieux, en raison de maints traits positivistes de la philosophie analytique, à quoi nous en tenir !

§3. Communauté d'Etat et communauté du peuple

Extrait de la lettre 7, du 9 février 1917 :

Les peuples sont des « personnes », qui ont leur vie, leur devenir, leur croissance et leur disparition. C'est une vie qui dépasse la nôtre, alors qu'elle inclut en elle la nôtre. C'est pourquoi il est dénué de sens de demander si les peuples doivent être grands ou petits, c'est-à-dire si nous devons y contribuer en quoi que ce soit, car ce n'est pas plus en notre pouvoir que les cellules n'ont à décider si l'organisme qu'elles constituent doit croître ou diminuer. Cependant nous ne sommes pas simplement consommés comme des cellules, mais nous pouvons prendre conscience de nos rapports au Tout auquel nous appartenons (...) et nous soumettre par libre choix. Plus cette conscience devient vivante et puissante dans un peuple, plus celui-ci prend la forme d'un Etat. Et cette prise de forme est une organisation. L'Etat est un peuple conscient de lui-même et qui discipline ses fonctions. Puisque le renforcement de la conscience de soi me semble lié avec une tendance croissante au développement, l'organisation m'apparaît comme un signe de force intérieure, et le peuple, la forme la plus achevée de ce qui est le plus Etat. Et je crois pouvoir dire après examen tout à fait objectif qu'il n'y a eu nulle part, depuis Sparte et Rome, une conscience étatique aussi puissante qu'en Prusse et dans le nouvel Empire allemand. C'est la raison pour laquelle je considère comme exclu que nous ayons maintenant le dessous.

Sur la situation politique, avant et après l'effondrement :

Février 1917 : *Ma confiance en notre gouvernement repose sur le fait que nous avons à notre tête des hommes qui n'ont pas de projets géniaux, mais qui essaient calmement et humblement d'être à l'écoute pour discerner la direction des événements mondiaux. Et la faiblesse de l'Entente (plus Monsieur Wilson) est qu'elle a un programme pour remodeler l'Europe. De tels projets ne peuvent jamais réussir, sauf si par hasard ils concordent avec la tendance de l'évolution historique. Autrement on est immanquablement écrasé.*

Finalement, fin novembre 1918, après la défaite :

Comme je vous l'ai déjà écrit, je suis très occupée par les affaires politiques. J'ai donné mon adhésion au Parti démocrate allemand récemment créé. Il est même possible que je sois prochainement élue, ici [à Breslau], au Comité directeur. Je ne peux assurément éprouver encore aucune joie aux « conquêtes de la révolution » pour le moment, n'étant pas de ceux qui tirent de gaieté de cœur un trait sur tout leur passé. Mais l'effondrement de l'ancien système m'a convaincue qu'il avait fait son temps, et quiconque aime son peuple veut naturellement contribuer à lui préparer une forme nouvelle d'existence, et ne se raidira pas contre une évolution nécessaire. Outre la création du parti, je me préoccupe de l'éducation politique des femmes, indispensable pour les amener aux urnes. L'une et l'autre activité contribuent à la convocation de l'Assemblée nationale, qui est maintenant pour nous une question vitale.

Ces remarques se recroisent avec la question de la réalité ; avec la question de l'idéal, ou du spirituel, qui doit prendre corps en elle ; et cela ramène à l'« idéalisme » d'Edith Stein précédemment abordé. A ce sujet, la lettre 62, du 18 décembre 1918 :

Certes, j'aime la réalité, mais pas tout bonnement : une réalité bien précise : l'âme humaine, celle de l'individu et celle des peuples. Ce que vous appelez « idéaliser » est peut-être plutôt en relation avec le fait que tout ce qui est matériel m'est tellement indifférent et que je suis donc toujours en danger de le sous-estimer. Les idéaux, je les aime, bien sûr, aussi pour eux-mêmes – car j'ai aussi de fortes dispositions naturelles à la théorisation –, et en outre comme les seules étoiles fiables pouvant guider notre vie, sans lesquelles nous nous fourvoyons sans appel, comme les événements des dernières décennies l'ont montré clairement. Dans ce sens je suis une « idéaliste » impénitente et toute mon activité politique visera à faire prévaloir dans la pratique le point de vue de l'idéal.

De même que chez Augustin l'idéalisme néoplatonicien fait place à la foi, de même l'idéalisme d'Edith Stein connaîtra dans la conception chrétienne de l'être des transformations radicales, qui ne sont plus inconditionnellement objets d'expérience et d'appréhension phénoménologiques et philosophiques.

C'est aussi sur un ton étrangement augustinien qu'elle avait écrit en février 1918 (lettre 28) :

Je tente toujours vainement de comprendre quel rôle, nous les hommes, nous jouons dans l'histoire du monde. Il y a quelques temps, un passage de l'Evangile de Luc m'a frappé : « Car le Fils de l'homme s'en va selon ce qui est fixé. Mais malheureux cet homme par qui il est livré. » (Lc 22, 22.) Cela vaut-il en général ? Nous provoquons les événements et nous en portons la responsabilité. Et pourtant nous ne savons pas ce que nous faisons et nous ne pouvons pas arrêter le cours de l'histoire, même si nous refusons celle-ci. Pour moi, la religion et l'histoire se rapprochent toujours plus, et il me semble que les chroniqueurs du Moyen Age, qui situaient l'histoire entre la chute et la parousie, étaient plus avisés que les spécialistes modernes qui à force d'établir scientifiquement des faits ont oublié le sens de l'histoire.

Du sens de l'Histoire au sens de l'Être : tel paraît bien être, pour Edith Stein, la question qu'ouvre la lecture des évangiles, deux ans avant sa conversion, et à laquelle répond une obéissance inconditionnelle au même Evangile, neuf ans après son entrée au Carmel.

Post-scriptum

C'est en retraçant mentalement ce parcours d'une vie et ce profil d'une œuvre que je me rends compte de la présence de deux logiques ou de deux dynamiques qui se succèdent, avec au centre une mort et une résurrection.

Revenons en effet sur la tranche de vie entre 1919 et 1922. Comme le note Beat Imhof, Edith eut un passage à vide. Nous savons qu'il s'est agi pour elle de la fin d'une époque : celle où la philosophie – Husserl, Reinach, Scheler – fut la lumière dans laquelle lui sont apparus la religion, le divin, et sans doute déjà la figure encore voilée du Christ. Ses amis protestants l'y ont aidé. Or, ce passage à vide signale une immense déception : les portes de l'Université lui sont fermées. Que faire ?

Puis c'est – chez les Conrad-Martius – la révélation, la découverte du Carmel à travers Thérèse d'Avila. Commence alors à se dessiner au sein de l'Eglise catholique un avenir d'enseignante, de conférencière. La femme qu'elle est ne songe plus au mariage ; c'est en tant que membre de l'Eglise catholique et en monial *in spe* qu'elle réfléchit sur son métier d'enseignante, sur la vocation de la femme…

Sa philosophie, maintenant portée par la foi, se plie à l'exigence de penser avec l'Eglise, d'étudier et de traduire Thomas d'Aquin, de commenter saint Augustin ; de lire Newman et de se « soumettre » à un directeur de conscience.

La philosophie conserve néanmoins ses droits, sous les modalités d'une « philosophie chrétienne » marquée du signe indélébile d'une « science ». C'est l'*idée* même de la science – de la philosophie comme science, de la théologie comme science, de la mystique comme science – qui est portée dans la lumière jusque-là inconnue de la foi en la Révélation.

Voilà donc deux dynamiques de la science analoguées au destin de la personne selon *Natur, Freiheit, Gnade* : celle qui permet de parler d'une science selon la *nature* et d'une science selon la *grâce,* puis de la vocation personnelle – notamment de la femme – selon la nature et selon la grâce. Mais il y a l'entre-deux ambigu de la *liberté*. Pour Edith Stein, elle dut traverser, de l'une à l'autre, le schéol du vide, de cet état de « liberté » dont elle dit : « Quiconque s'émancipe du règne de la nature sans avoir d'autre rempart que la liberté, ne peut, en se vider de soi, que s'épuiser soi-même. »

Ce n'est pas épuisée mais résolue, non pas vide mais remplie de la grâce de son Dieu, qu'elle franchit le seuil de la chambre à gaz. Méconnaissable, elle était brutalement arrachée à trois familles qui lui avaient forgés trois visages. La famille juive, qu'elle raconta pour honorer sa race. Sa famille philosophique : les phénoménologues de Goettingen et de Freiburg. Sa famille spirituelle : les carmélites de Cologne et d'Echt. Trois familles dans lesquelles elle puisa son endurance, ses certitudes, une foi ardente. Une foi qui n'a pas été une rupture, mais une manière de réassumer en fidélité et en réinvention : en revendiquant le judaïsme que l'on retrouve dans ses écrits spirituels ; en soulignant d'un trait philosophique ses lectures théologiques ; en chargeant d'un sens nouveau la quête de la pure vérité commencée sous la conduite de Husserl.

Genève, novembre 2017

BIBLIOGRAPHIE

1. Œuvres traduites

La Science de la Croix, Nauwelaerts, Louvain/Paris, 1957. Passion d'Amour de Saint Jean de la Croix.

Etre fini et Etre éternel, Nauwelaerts, Louvain/Paris, 1972. (Il s'agit de la première traduction, hélas peu convaincante, des œuvres majeures d'Edith Stein.)

Phénoménologie et philosophie chrétienne, Cerf, Paris, 1987. Traduit par Philibert Secretan. Cet ouvrage comprend :

- La signification de la phénoménologie comme conception du monde
- La crise des sciences européennes et la phénoménologie transcendantale
- Les interventions au Congrès de Juvisy (1932)
- La phénoménologie de Husserl et la philosophie de saint Thomas d'Aquin (essai de confrontation)
- Deux préludes à une ontologie
- La philosophie existentiale de M. Heidegger
- Sens et possibilité d'une philosophie chrétienne.

L'Etat, Cerf, Paris, 1989. Traduit par Philibert Secretan.

De la personne, Cerf, Paris, 1992. Traduit par Philibert Secretan. Cet ouvrage comprend :

- La structure ontique de la personne et sa problématique épistémologique
- Textes divers.

La Prière de l'Eglise, Ad Solem, Genève, 1995. Traduit par Genia Català et Philibert Secretan.

La Crèche et la Croix, Ad Solem, Genève, 1995. Traduit par Genia Català et Philibert Secretan. Cet ouvrage comprend :

- Le Mystère de Noël
- Méditations au pied de la Croix.

Source cachée, Ad Solem/Cerf, 1998. Traduit par Cécile et Jacqueline Rastoin, présentation du P. Didier-Marie Golay. O.C.D. Cet ouvrage comprend :

- La prière de l'Eglise
- Quatre vies de femmes…
- Méditations au pied de la croix
- Dialogues dans la nuit
- Poèmes.

Le secret de la Croix, Paris, 1998. Textes présentés par Vincent Aucante et Sophie Binggeli, dans « Cahiers de l'Ecole cathédrale ». Philibert Secretan, Cécile et Jacqueline Rastoin ainsi que le P. Didier-Marie Golay font partie du comité de direction de la collection des Œuvres d'Edith Stein, dont « Source cachée » constitue le premier volume.

La splendeur du Carmel, Beyrouth 1999. ***Le spécifique humain,*** traduit par. Ph. Secretan et ***Nature et surnature dans le*** **Faust** ***de Goethe***, traduit par B. Forthomme.

Malgré la nuit, Ad Solem, Genève, 2002. Poésies complètes, édition bilingue ; traduction et présentation de Cécile Rastoin.

*

L'œuvre complète d'Edith Stein – En voie de réimpression et de nouvelles publications, entreprise par Ad Solem, le Cerf et les Editions du Carmel.

2. Biographies et études en langue française

Reuben Guilead, *De la phénoménologie à la Science de la Croix*, Nauwelaerts, Louvain/Paris, 1974.

Bernard Halda, *Thématique phénoménologique et implications* (Husserl, Edith Stein, Merleau-Ponty), Nauwelaerts, Louvain, 1976.

Elisabeth de Miribel, *Comme l'or purifié par le feu*, Plon, Paris, 1983.

Philibert Secretan, *Edith Stein*, in « Thérèse bénie de la Croix », Revue Carmel, 49, 1988/1.

Hilda C. Graef, *« Le Philosophe et la Croix », Edith Stein*, Cerf, Paris, 1995.

Florent Gaboriau, *Edith Stein philosophe*, FAC Editions, 1989.

Florent Gaboriau, *Lorsque Edith Stein se convertit*, Ad Solem, Genève, 1997.

Philibert Secretan, *Edith Stein et la Suisse*, Ad Solem, Genève, 1997.

Joachim Bouflet, *Edith Stein, philosophe crucifiée*, Presses de la Renaissance, Paris, 1998.

Christian Feldmann, *Edith Stein, Juive, athée, martyre,* Saint-Maurice (Suisse), 1998.

John M. Œsterreicher, *Edith Stein, philosophe juive devant le Christ*, Ad Solem, 1998.

Philibert Secretan, *Edith Stein*, in "Dictionnaire des philosophes", Encyclopaedia Universalis, Paris, 1998.

A.V., *Edith Stein, la Quête de vérité*, « Ecole cathédrale », Paris, 1999.

Philibert Secretan, *La phénoménologie comme amorce de l'intelligence spirituelle* in « Edith Stein, la quête de la vérité », Ecole cathédrale, Paris, 1999.

Vincent Aucante, *Le discernement selon Edith Stein*, « Cahier de l'Ecole cathédrale », Paris, 2003.

Philibert Secretan, *Edith Stein. A la recherche d'un visage perdu.* Ad Solem, Paris, 2014.

Bénédicte Boulliot, *Le noyau de l'âme selon Edith Stein.* De l'époché phénoménologique à la nuit obscure, Herrmann, coll. « De visu », Paris, 2015.

NOTES

[1] Je dois beaucoup à un remarquable ouvrage, insuffisamment apprécié : Beat W. Imhof, *Edith Steins philosophische Entwicklung*, Leben und Werk, Basel 1987. Il est notamment un des rares biographes à jeter un regard inquiet sur la crise de « dépression » traversée par Edith Stein en 1919, (p. 102).

[2] Cf. *Die Rezeption Edith Steins,* Internationale Edith-Stein Bibliographie 1942-2012. Dans son „Geleitwort": *Edith Stein zwischen Husserl und Thomas von Aquin* (p. 11-30), Angela Ales Bello parle de „une rencontre et un heurt". On trouve aussi de précieuses remarques dans Josef Stallmach, in W. Herbstritt (Hg.) « Denken im Dialog », Tübingen 1991.

[3] Roman Ingarden, *Über die philosophische Forschung Edith Steins,* in W. Herbstritt (Hg.) „Edith Stein, eine grosse Glaubenszeugin", Annweiler 1986, p. 228.

[4] Cf. Ph. Secretan. *Edith Stein et la Suisse*, Ad Solem, Genève, 1997.

[5] ESGA 9, *Husserls Phänomenologie und die Philosophie des hl. Thomas von Aquin,* p. 119 ss.

[6] Trad. fr. de Ph. Secretan, Collection « Théologiques », P.U.F., Paris 1990. Le thème de l'analogie du « Je suis » apparaît à la p. 156.

[7] Le problème du « noyau de la personne » ou du « noyau de l'âme » a été superbement traité par Bénédicte Boulliot dans une thèse en voie de publication. C'est toute la philosophie d'Edith Stein qui se trouve retracée à l'occasion d'une analyse serrée de cette notion centrale du « noyau de l'âme.

[8] *Aliquid quod quid est, esse* : voilà les formes ontologiques fondamentales. *Potenz und Akt*, II §1.
[9] ESGA 11/12, 327.
[10] ESGA 11/12, 324.
[11] ESGA 17, 70.
[12] ESGA 11/12, 62.
[13] ESGA 11/12, 88.
[14] Edith Stein fait évidemment allusion au fait que les idées, souvent rapprochées des formes, ont à un autre point de vue une fonction d'archétype ou de prototype ; cf. la tradition platonicienne des Idées exemplaires.
[15] ESGA, 211-12.
[16] ESGA, 6, 252 s.
[17] ESGA 6, 253 s.
[18] ESGA 6, 256.
[19] ESGA 6, 258.
[20] ESGA 11/12, 24.
[21] ESGA 11/12, 27.
[22] ESGA 11/12, 28.
[23] Chez Edith Stein, la notion de sens revêt pour l'essentiel deux acceptions distinctes :
a) Le sens est le « Gefüge », la structure, la cohérence, l'ordonnancement d'une chose ou d'un tout. L'ordre total des choses et des sciences correspondantes serait saisi par une « mathesis universalis », telle que l'évoque *Potenz und Akt* (III, §2). Le terme traditionnel correspondant à cet ordre intelligible serait celui de logos, jusqu'au Logos dans sa dimension christique.
b) Le sens « symbolique » indique qu'en raison de ses qualités et perfections, le réel renvoie aux archétypes que sont les Idées en Dieu, et ainsi au Créateur lui-même. Toute chose a un sens, c'est-à-dire « figure » une Réalité

qui le dépasse. L'analogie se rattache ainsi au sens symbolique.

[24] ESGA 11/12, VI, §3 (EES 310).

[25] *Ibid.*

[26] M. Heidegger, *Kant und das Problem der Metaphysik,* Klostermann 1973, p. 213.

[27] ESGA 11/12, 487s.

[28] ESGA 11/12, 99-100.

[29] ESGA 10, 75, 77, „*Wort, Wahrheit, Sinn und Sprache* „ (ca. 1922).

§4. Le sens, le λογος (en grec logos, mot, sens) constitue une région d'être à part (…) Tous les *Sinn-gebilde*, toutes les formations de ce domaine du « sens », sont marquées du sceau de la spiritualité qui s'explicite en eux ; et elles ne peuvent pas plus être pensées sans cette spiritualité efficace et formatrice que cette spiritualité ne peut l'être sans une telle inscription dans un objet. L'esprit et le sens son conjoints. (…) §7. Le sens comme tel n'a par principe qu'une existence *idéale.*

[30] ESGA 11/12, 81.

[31] ESGA 11/12, 385.

[32] *Einführung in die Philosophie*, ESGA 8, 53.

[33] ESGA 8, 97.

[34] ESGA 11/12, 216-217.

[35] ESGA 11/12, 219.

[36] ESGA 14, 42-43.

[37] ESGA 11/12, 356.

[38] ESGA 11/12, 357.

[39] ESGA 11/12, 358.

[40] ESGA 11/12, 360.

[41] Le Professeur Avé-Lallemant a pu établir que le titre *Ontische Struktur der Person…* correspondait à un texte antérieur, dispersé dans d'autres publications, et qu'une

copie perdue de vue portait, de la main d'Edith Stein, le titre *Natur, Freiheit, Gnade*, qui correspond exactement aux thèmes du traité.

[42] *Zum Problem der Einfühlung*, ESGA 5, 108.

[43] ESGA 5, 108-109.

[44] *Idem.*

[45] ESGA 11/12, 319.

[46] ESGA 5, 106.

[47] ESGA 5, 119-120.

[48] *Idem.*

[49] ESGA 5, 126-127.

[50] ESGA 5, 135.

[51] ESGA 11/12, 321.

[52] ESGA 11/12, 321-322.

[53] ESGA 11/12, 334.

[54] ESGA 11/12 293.

[55] ESGA 11/12, 294.

[56] ESGA 11/12, 295.

[57] ESGA 11-12, 321.

[58] ESGA 11/12, 320.

[59] ESGA 11/12, 316-317.

[60] ESGA 11/12, 317.

[61] ESGA 11/12, 410.

[62] ESGA 11/12, 420

[63] ESGA 11/12, 408, n. 42.

[64] Cité par Ch. Betschart, *Unwiderholbares Gottes-siegel.* Personale Individualität nach Edith Stein, Freiburg (Schweiz), 2013, p. 168.

[65] ESGA 9, 12-13.

[66] ESGA 9, 13.

[67] ESGA 9, 15.

[68] ESGA 13, 33.

[69] ESGA 9, 27.

[70] ESGA 9, 27.
[71] ESGA 9, 23.
[72] ESGA 11/12, 317-318.
[73] ESGA 11/12, 523-524.
[74] ESGA 11/12, 320.
[75] *Die Frau, Fragestellungen und Reflexionen* ESGA 13, 34.
[76] *Ibid.*
[77] ESGA 13, 36.
[78] ESGA 13, 36.
[79] ESGA 13, 58.
[80] ESGA 13, 67 ss.
[81] ESGA 13, 65.
[82] ESGA 13, 83.
[83] ESGA 13, 82.
[84] ESGA 13, 83 ss.
[85] ESGA 13, 85.
[86] ESGA 13, 169.
[87] ESGA 13, 59.
[88] ESGA 13, 86.
[89] ESGA 13, 87.
[90] *Ibid.*
[91] ESGA 13, 20.
[92] ESGA 13, 74-75.
[93] ESGA 13, 179.
[94] ESGA 13, 180.
[95] ESGA 13, 181.
[96] ESGA 13, 211.
[97] *Ibid.*
[98] *Ibid.*
[99] ESGA 13, 212.
[100] ESGA 13, 76.
[101] *Ibid.*

[102] ESGA 13, 77.
[103] *Ibid.*
[104] *Ibid.*
[105] ESGA 13, 139-140.
[106] *Ibid.*
[107] ESGA 13, 138-139.
[108] ESGA 13, 77.
[109] Son anthropologie proprement théologique est développée dans *Was ist der Mensch ?* (ESGA 15).
[110] EWS XVI, p. 23ss.
[111] *Der Aufbau der menschlichen Person*, ESGA 14, 13.
[112] Max Niemeyer Verlag, Tübingen 1970 ; ESGA 6 et 7.
[113] ESGA 6, 227ss.
[114] ESGA 14, 148.
[115] ESGA 18, 96.
[116] ESGA 7, 52-53.
[117] ESGA 9, §3,13.
[118] ESGA 7, 53.
[119] ESGA 7, 75-76.
[120] ESGA 7, 75.
[121] Cf. Paul Lenz-Médoc, *L'idée de l'Etat chez Edith Stein*, « Les études philosophiques », n° 3, 1956, p. 451-457.
[122] ESGA 7, 76.
[123] *Ibid.*
[124] ESGA 7, 130.
[125] *Ibid.*
[126] ESGA 7, 131.
[127] *Ibid.*
[128] Sur l'affinité entre E. Stein et Duns Scot, voir A. Höfliger, « Das Universalienproblem in Edith Steins Werk „Endliches und ewiges Sein“ », Universitätsverlag, Fribourg (Suisse), 1968.

[129] Erich Przywara : « Das Problem Edith Stein » (« In und gegen »). Repris dans la Herder Bibliothek, 1035, pp. 176-188.
[130] « La phénoménologie de Husserl et la philosophie de saint Thomas d'Aquin » (H-TH), repris dans le volume « Husserl », Hermann Noak (éditeur), 1973, Wissenschaftliche Buchgesellschaft Darmstadt, pp. 61-83.
[131] ESGA 11/12, 101-102.
[132] E. Husserl, *Krisis*, Husserliana VI, 1954, p. 273.
[133] ESGA 9, 121.
[134] ESGA 9, 122.
[135] ESGA 9, 129.
[136] ESGA 9, 130.
[137] ESGA 9, 136.
[138] ESGA 9, 142.
[139] ESGA 11/12, note 33.
[140] ESGA 14, 7.
[141] ESGA 11/12, 419ss.
[142] Conférence tenue le 6 avril 1968 à Cracovie sur invitation du cardinal Karol Wojtila. Traduction allemande parue dans la *Freiburger Zeitschrift für Theologie und Philosophie* (1979) „Über die philosophische Forschung Edith Steins."
[143] ESGA 10, 9.
[144] *Ibid.*
[145] ESGA 10, 86.
[146] ESGA 10, 64.
[147] ESGA 11/12, 522.
[148] ESGA 11/12, 419-420.
[149] ESGA 11/12, 341-342.
[150] ESGA 11/12, 342.
[151] ESGA 11/12, 520.
[152] ESGA 11/12, 523.

[153] ESGA 20, 111.
[154] ESGA 18, 96.
[155] ESGA 18,133.
[156] ESGA 18, 214.
[157] ESGA 18, 227.
[158] A. Ales Bello, *Edith Stein und Hedwig Conrad-Martius: eine menschliche und intellektuelle Begegnung*, ex « Studien zur Philosophie von Edith Stein », Phänomenologische Forschung 26-27, Freiburg/ München 1993.
[159] Ce texte condense l'étude de Karl Schuhmann, *Edith Stein und Adolf Reinach*, ex « Studien zur Philosophie von Edith Stein », Phänomenologische Forschung, 26/27, Freiburg/München 1993. Les linéaments essentiels sont tracés par la conclusion de cette étude, p. 83-88.
[160] Halle, 1921.
[161] *Zur Theorie des negativen Urteils*, in « Sämtliche Werke », Bd. II.
[162] Cf. *Die apriorischen Grundlagen des bürgerlichen Rechts*, Sämtl. Werk, Bd. 1.
[163] Cette théorie trouvera son prolongement dans les nombreux travaux – en particulier anglo-saxons – sur les « speach acts ».
[164] In W. Herbstrith (Hg), *Edith Stein, Ein neues Lebensbild in Zeugnissen und Selbstzeugnissen*, Freiburg 1987, p. 84.
[165] Dietrich von Hildebrand était en effet un ancien de Göttingen qui préparait à Munich une thèse d'habilitation sur la connaissance des valeurs.

TABLE DES MATIÈRES

Avant-propos 9
Liste des sigles utilisés 13

PRÉLIMINAIRES...15
1. Parcours d'une vie...15
2. Profil d'une œuvre..20
§ 1. Les œuvres phénoménologiques 21
§ 2. Le dialogue entre phénoménologie et scolastique 24

Chapitre I
SAVOIR ET VÉRITÉ 27
1. Amour de la vérité...28
2. Qu'est-ce que la vérité ?......................................30
3. La vérité dans le savoir.......................................34
§ 1. Phénoménologie 34
§ 2. Sciences de la nature 38
§ 3. Sciences humaines...................................40
§ 4. La philosophie comme science...............48
§ 5. La connaissance de Dieu 52
a) La voie Dionysienne...............................52
b) Nature et grâce dans la connaissance de Dieu...56

Chapitre II
UNE PHILOSOPHIE DE LA RÉALITÉ IDÉALE..59

1. De l'essence 60
2. Vers le sens de l'être. 67
3. Vers une analogie de l'Idée 73

Chapitre III
DE LA NATURE 77

Chapitre IV
DE LA PERSONNE..87
1. « Empathie ». Genèse d'une théorie de la personne..89
§1. La connaissance empathique 90
§2. L'intuition des valeurs 93
2. Concepts fondamentaux 95
§1. Les êtres spirituels 96
§2. Le moi personnel 99
§3. L'âme comme forme et comme vie 102
§4. L'individu..104
3. La structure de la personne.........................107
4. Phénoménologie de l'intériorité 113

Chapitre V
DE LA FEMME 117
1. Nature et vocation de la femme...................119
§1. La féminité comme telle 119
§2. Figures typiques......................................125
2. La femme et l'homme..................................125
3. Destins individuels 131
4. La situation de la femme dans l'Eglise 134

Note sur l'éducation 139

Chapitre VI
L'ÉTAT ET LA SOCIÉTÉ 145
1. La communauté comme personne 146
2. Peuple et Nation 149
3. L'Etat souverain 150
4. L'Etat à la lumière du droit 154
5. Force et faiblesse de l'Etat 155
6. L'Etat et le citoyen. La plus-value de l'Etat . 158
7. L'Etat et les valeurs 160
   §1. Les valeurs politiques à réaliser 160
   §2. Les valeurs religieuses 160
8. Considérations finales 164

Chapitre VII
CONFRONTATIONS ET DÉBATS 167
1. Husserl et Thomas d'Aquin 167
2. Contra Heidegger 172
3. Difficultés autour du thomisme 175
4. Descartes ou Thérèse d'Avila 182

Chapitre VIII
REGARDS SUR LA MYSTIQUE 185
1. Sainte Thérèse d'Avila 186
2. Saint Jean de la Croix 190

RELATIONS D'AMITIE 201

I. Le cercle de Göttingen. L'amitié entre Hedwig Conrad-Martius et Edith Stein 201
II. Edith Stein et Adolf Reinach 203
III. Un cher ami, Hans Lipps 207
IV. Lettres à Roman Ingarden 212
1. Questions religieuses 214
2. Problèmes philosophiques 217
§1. Idéalisme et constitution 217
§2. Métaphysique et phénoménologie 219
§3. La Communauté de l'Etat et la communauté du peuple 222
Post-scriptum 227

Bibliographie 229
1. Œuvres traduites 229
2. Biographies et études en français 231
Notes 233

Philosophie

aux éditions L'Harmattan

Dernières parutions

CITOYENNETÉ ET DÉMOCRATIE
Fleury Philippe
La citoyenneté, dans le monde gréco-romain, a de multiples sens, allant du cosmopolitisme (Diogène) aux lois d'Athènes (Socrate). La démocratie, née en Grèce, se métamorphosera jusqu'à s'imposer comme une évidence politique (Tocqueville). Mais depuis le XIXe siècle, ce modèle montre ses limites avec la globalisation. Elle se transforme sans cesse, avec la montée des populismes, le rejet des élites et des partis politiques. Soulignant de nouveaux enjeux contemporains, les nouvelles revendications citoyennes vont-elles bouleverser la démocratie actuelle ?
(Coll. Ouverture Philosophique, 13.00 euros, 112 p.)
ISBN : 978-2-343-12378-3, ISBN EBOOK : 978-2-14-004098-6

CONVERSION ET SPIRITUALITÉS DANS L'ANTIQUITÉ ET AU MOYEN ÂGE
Fattal Michel
Comment comprendre le phénomène particulier de la conversion au sein de différentes formes de spiritualités issues de milieux culturels et linguistiques variés ? Le présent ouvrage procède à une lecture philosophique et à une analyse précise de la notion de conversion dans la philosophie grecque païenne de Platon et de Plotin, dans certains textes fondateurs du judaïsme et du christianisme, chez le Pseudo-Macaire et chez Augustin d'Hippone, ainsi que dans la philosophie arabo-musulmane représentée par Al-Farâbî et Al-Ghazâlî.
(Coll. Ouverture Philosophique, 27.00 euros, 258 p.)
ISBN : 978-2-343-12582-4, ISBN EBOOK : 978-2-14-004303-1

PROBLÈME DE L'EXISTENCE
Kong Robert
Les guerres, les attentats, le terrorisme, la tuerie en séries, la prise du pouvoir par la force entraînant la désorganisation sociale, etc., sont des paradoxes qui affaiblissent l'existence humaine et son environnement. Ce livre est une philosophie de l'existence, un examen de conscience ou une expérience de l'absurde qui propose à l'homme du XXIe siècle le changement et une paix durable.
(Coll. Études africaines, 14.00 euros, 122 p.)
ISBN : 978-2-343-11756-0, ISBN EBOOK : 978-2-14-004136-5

RENÉ GIRARD, «COW-BOY TEXAN»
Au fil de ses exploits
Dubouchet Paul
L'esprit de René Girard, esprit de pionnier, d'aventurier, est celui d'un cow-boy qui ne se déplace jamais sans sa Bible sous le bras. À la Bible sont empruntés les plus beaux titres de ses livres. Cet ouvrage met en valeur les jalons d'un itinéraire qui reflète, du passé le plus lointain à l'actualité la plus récente, l'épopée tragique de l'espèce humaine. Sans jamais oublier la possibilité et l'espérance de son salut.
(Coll. Ouverture Philosophique, 18.50 euros, 176 p.)
ISBN : 978-2-343-12503-9, ISBN EBOOK : 978-2-14-004231-7

LA SATISFACTION DES ASPIRATIONS HUMAINES
Ce passage obligé vers la maturité dans la vie consacrée
Mwenge Ngoie Jean-Paul
La parcellisation de l'humain en une dimension immatérielle et matérielle a beaucoup d'impact dans la vie du sujet. Cette opposition entre les deux sphères constitue un véritable obstacle dans l'envol de l'homme vers la pleine réalisation, plombant carrément son élévation vers l'accomplissement plénier. Vu son impact dans ce processus, le vocable de maturité nous a permis de bien appréhender que devenir mature dans la vie consacrée repose sur la réponse aux besoins et aux aspirations humaines.
(20.00 euros, 194 p.)
ISBN : 978-2-343-12375-2, ISBN EBOOK : 978-2-14-004344-4

LE SENS DE LA VIE
De la monstruosité à la déité
Andrieu Gilbert
Chaque fois que nous voulons étudier la vie ou la mort, nous oublions que l'homme qui les étudie est aussi l'objet de ses études. Parce que nous voulons être responsables de tout, ne sommes-nous pas enclins à vouloir donner un sens à la vie ? L'Homme peut-il changer des comportements jugés monstrueux par des comportements vertueux ou divins ? Tout changement voulu peut-il dépasser le paraître et se répercuter sur le plan de l'être ?
(27.50 euros, 276 p.)
ISBN : 978-2-343-12351-6, ISBN EBOOK : 978-2-14-004088-7

VIOLENCE, CONSCIENCE, NON-VIOLENCE
Lorsqu'il se libère de la violence, l'être humain peut prendre son envol (nouvelle édition mise à jour)
Moal Philippe - Préface de Federico Mayor Zaragoza
L'auteur témoigne et analyse les *a priori* et les croyances qui permettent de justifier et légitimer la violence. L'intervention de la conscience permet d'aller à la racine de sa propre violence, engage à résister à ses différentes formes d'expression dans la société et incite à faire le choix de la non-violence qui est la générosité du cœur. La non-violence, c'est l'espoir, la non-violence, c'est la vie !
(18.00 euros, 182 p.)
ISBN : 978-2-343-12486-5, ISBN EBOOK : 978-2-14-004163-1

L'AMBIVALENCE DE LA MODERNITÉ
Habermas vis-à-vis de Derrida
Nabwani Khaldoun
Cet ouvrage revient sur la querelle philosophique autour de la question de la modernité qui a été animée dans les années 1980. À cette époque, certains penseurs allemands se sont mis à critiquer la pensée française d'après 68 en la qualifiant de postmoderniste. Jürgen Habermas critiqua sévèrement la déconstruction derridienne et les disciples de Derrida aux États-Unis. Critiques auxquelles ce dernier répondit sans jamais consacrer une contre-critique directe à Habermas (comme s'il n'accordait pas beaucoup d'attention aux attaques du philosophe allemand).
(Coll. Ouverture Philosophique, 30.00 euros, 296 p.)
ISBN : 978-2-343-12246-5, ISBN EBOOK : 978-2-14-003910-2

CE QUI PASSE
Pour une théologie plurielle
Maalouf Jihad
Quelque chose qui passe dans ce qui se passe... Un passant, malgré les impasses, s'en rend compte... Le passant devient passeur, parfois malgré lui, et laisse passer ce qui passe en et à travers lui... Vigilant et zélé, le passeur se dépasse dans ce qui se passe... On ne cesse d'entendre ce chuchotement, ce tressaillement intérieur, parfois tel un cri, à travers la passe des chapitres. Ceux-ci essayent de témoigner diversement d'une expérience spirituelle personnelle. L'ouvrage développe une théologie plurielle du passage. Une phénoménologie de la vigilance et du zèle s'en dégage au fur et à mesure de ce qui se passe.
(Coll. Théologie Plurielle, 14.00 euros, 122 p.)
ISBN : 978-2-343-12134-5, ISBN EBOOK : 978-2-14-003911-9

COMMENTAIRE DE *L'EUTHYPHRON* DE PLATON
Samb Djibril
Aux États-Unis, *L'Euthyphron* est un dialogue très prisé au point de servir d'introduction à des enseignements de logique. Ce morceau «logique» revêt également une dimension «théologique», dans la mesure où une tendance significative du commentarisme voit dans le dilemme l'expression d'un débat théologique général : le Bien est-il le Bien parce que Dieu le commande ou bien Dieu commande-t-il le Bien parce qu'il est le Bien ? Le but de ce travail est de combler le retard de la France par rapport au monde anglo-saxon dans le commentarisme de *L'Euthyphron*.
(Coll. Ouverture Philosophique, 46.00 euros, 462 p.)
ISBN : 978-2-343-11895-6, ISBN EBOOK : 978-2-14-004000-9

DELEUZE ET LE TEMPS
Bellos Stavroula
Face à la dispersion de la pensée, à cause et grâce aux nouvelles technologies, la puissance du temps de la pensée de Gilles Deleuze manifeste son actualité. Les objets virtuels des nouvelles technologies, par exemple, mais aussi l'ensemble des nouvelles technologies du numérique, nous forcent à repenser les notions

de mouvement, d'espace et de temps. Gilles Deleuze a donc conceptualisé une philosophie qui actualise la virtualité de la pensée.
(Coll. Philosophies-Artistes, 12.00 euros, 86 p.)
ISBN : 978-2-343-12033-1, ISBN EBOOK : 978-2-14-004049-8

LE DUALISME ANTIRÉALISTE ET SEMI-EMPIRIQUE DE BERNARD VIDAL
De l'*apeiron* d'Anaximandre aux maîtres de la quantique et à l'empirisme de van Fraassen
Kaltcharel Fallander
Bernard Vidal axiomatise l'Être, l'Indéterminé, en deux hypostases, métaphore athée du monothéisme trinitaire. Elles s'imprègnent, donnant le réel, dont l'esprit qui détermine l'Être en divers. Esprit et matière se forment l'un l'autre. Il n'y a donc pas d'en soi, pas de rationnel absolu, pas d'unicité du modèle en recherche : au terme de sa quête l'esprit se retrouve lui-même.
(Coll. Ouverture Philosophique, 28.00 euros, 284 p.)
ISBN : 978-2-343-12048-5, ISBN EBOOK : 978-2-14-003897-6

L'EMPIRE DU MÊME
Après la diversité
Rouget Patrice
Le processus industriel, qui introduit dans le monde naturel des choses d'un genre nouveau, les exemplaires, parfaitement identiques et interchangeables, est le signe et l'instrument d'une reconfiguration radicale de la nature, qui tend à la soumettre au principe du Même. Ainsi, l'évolution naturelle, comme source de nouveauté imprévisible, se trouve progressivement remplacée par l'innovation comme mode de devenir contrôlé.
(Coll. Ouverture Philosophique, 16.50 euros, 154 p.)
ISBN : 978-2-343-12174-1, ISBN EBOOK : 978-2-14-003948-5

EN MÉMOIRE DE GILBERT SIMONDON
Philosophe et psychologue français (1924-1989)
Jalley Emile
Gilbert Simondon (1924-1989) est un philosophe français qui appartient à la dernière génération, à l'articulation des années 1960, de ceux encore attachés au paradigme d'une démarche d'allure dialectique en philosophie (Bachelard, Merleau-Ponty, Sartre). L'ouvrage examine ici de ce point de vue les trois derniers titres parus de G. Simondon : *Sur la technique* (2014), *Sur la psychologie* (2015), *Sur la philosophie* (2016), avant de faire la revue des 17 ouvrages parus sur la pensée de G. Simondon entre 1993 et 2016.
(28.00 euros, 270 p.)
ISBN : 978-2-343-12222-9, ISBN EBOOK : 978-2-14-003891-4

L'HARMATTAN ITALIA
Via Degli Artisti 15; 10124 Torino
harmattan.italia@gmail.com

L'HARMATTAN HONGRIE
Könyvesbolt ; Kossuth L. u. 14-16
1053 Budapest

L'HARMATTAN KINSHASA
185, avenue Nyangwe
Commune de Lingwala
Kinshasa, R.D. Congo
(00243) 998697603 ou (00243) 999229662

L'HARMATTAN CONGO
67, av. E. P. Lumumba
Bât. – Congo Pharmacie (Bib. Nat.)
BP2874 Brazzaville
harmattan.congo@yahoo.fr

L'HARMATTAN GUINÉE
Almamya Rue KA 028, en face
du restaurant Le Cèdre
OKB agency BP 3470 Conakry
(00224) 657 20 85 08 / 664 28 91 96
harmattanguinee@yahoo.fr

L'HARMATTAN MALI
Rue 73, Porte 536, Niamakoro,
Cité Unicef, Bamako
Tél. 00 (223) 20205724 / +(223) 76378082
poudiougopaul@yahoo.fr
pp.harmattan@gmail.com

L'HARMATTAN CAMEROUN
TSINGA/FECAFOOT
BP 11486 Yaoundé
699198028/675441949
harmattancam@yahoo.com

L'HARMATTAN CÔTE D'IVOIRE
Résidence Karl / cité des arts
Abidjan-Cocody 03 BP 1588 Abidjan 03
(00225) 05 77 87 31
etien_nda@yahoo.fr

L'HARMATTAN BURKINA
Penou Achille Some
Ouagadougou
(+226) 70 26 88 27

L'HARMATTAN SÉNÉGAL
10 VDN en face Mermoz, après le pont de Fann
BP 45034 Dakar Fann
33 825 98 58 / 33 860 9858
senharmattan@gmail.com / senlibraire@gmail.com
www.harmattansenegal.com